ABC
DES INSTITUTIONS JUDICIAIRES
AU SÉNÉGAL

Thierno Amadou NDIOGOU

ABC
DES INSTITUTIONS JUDICIAIRES
AU SÉNÉGAL

Préface de Maître Assane Dioma NDIAYE

Avant-propos du Pr Patrice Samuel Aristide BADJI

L'Harmattan
Sénégal

10 VDN, Sicap Amitié 3, Lotissement Cité Police, DAKAR

senharmattan@gmail.com
senlibrairie@gmail.com

ISBN : 978-2-336-48463-1
EAN : 9782336484631

À la mémoire de :

Mouhamed Délo NDIOGOU, Greffier en chef

Papa Makha NDIAYE, Magistrat

PRÉFACE

Le droit au juge est un droit de l'homme consacré par toutes les dispositions internes et internationales.

Et plus anciennement la justice comme harmonie de l'âme dans la République et dans les Ennéades apprend-on de la philosophie platonicienne.

De façon plus prosaïque, il nous est parvenu de la mythologie grecque qu'elle serait la vertu maîtresse, celle qui ordonne toutes les autres.

Ne serait-il pas alors légitime de la familiariser avec le plus grand nombre de citoyens sous une approche holistique et surtout à l'heure d'une judiciarisation outrancière d'une société comme la nôtre.

Une justification sans doute plus que commode serait-on tentée, pour annoncer le présent ouvrage d'un juriste émérite, Dr Thierno Amadou NDIOGOU, Enseignant-chercheur à la FSJP-UCAD.

Cependant, la personnalité proactive de l'auteur ainsi que sa charge sacerdotale permettent d'envisager des soubassements beaucoup plus profonds qui ont suscité son intérêt.

Ses collègues universitaires rappelaient jadis, dans un passé récent et face à un malaise existentiel profond et généralisé, que la justice en tant qu'Institution n'est jamais en soi une ontologie.

Que celle-ci n'est acceptée par les citoyens qu'elle est censée régir ou régenter que lorsque ces derniers seront convaincus du rôle essentiel qu'elle joue dans leur devenir en tant que communauté.

Se développe au demeurant de plus en plus un processus sociétal d'hostilité et de défiance grandissant envers l'institution judiciaire dont les décisions ne semblent pas emporter l'adhésion du plus grand nombre.

Pour dire que l'organisation judiciaire reste soumise aux contraintes et mutations sociétales et est appelée constamment à faire sa mue pour répondre aux exigences du corps sociétal (justice de proximité, célérité de la réponse, problématique de la socialisation du risque, justiciabilité des droits économiques et sociaux).

L'enjeu étant de s'adapter aux exigences d'un monde nouveau en rendant la justice de façon plus équitable et transparente ce qui contribuerait sans doute à son intelligibilité et son acceptabilité.

L'on se départirait alors de décisions judiciaires qualifiées peut être à tort de complaisantes ou simplement de dédommagements conformes au système.

À travers sa production qui se veut une première esquisse de réflexions, l'auteur fait ressortir clairement que les Instituions judiciaires de notre pays en perpétuelles mutations au gré des vicissitudes de l'histoire ou contraintes budgétaires ne se réduisent pas à un examen technique des organes habilités à rendre la justice.

Il met en exergue la nécessité d'un pouvoir judiciaire indépendant et impartial, garant constitutionnel de la liberté individuelle tout en insistant sur le fait que l'organisation et le fonctionnement des juridictions sont sous-tendues par des principes fondamentaux qui garantissent une justice de qualité dans le respect des droits essentiels des justiciables (l'égalité des armes, droit au recours, respect du contradictoire et des droits de la défense).

Naturellement la contemporalité de l'ouvrage avec d'une part, le devoir d'inventaire d'une pratique judiciaire et juridictionnelle de plus d'une moitié d'un siècle par le truchement de la tenue des Assises nationales sur la réforme de la justice et d'autre part le besoin non-différable d'une nécessaire exorcisation de psycho traumatismes profonds au sortir d'une angoisse existentielle à laquelle celle-ci est fortement associée (crise sociale mars 2021-mars 2024), confère à celui-ci un cachet à la fois actuel et historique.

Nul doute qu'aux territoires des Mémoires, au panthéon des Immortalisations et Immortels aussi bien l'œuvre que son auteur Thierno Amadou NDIOGOU, figureront en bonne place.

Me Assane Dioma NDIAYE

Avocat à la Cour –Barreau du Sénégal

AVANT-PROPOS

La fonction de juger est inhérente à toute société dans la mesure où la cohabitation des êtres engendre des contestations, de conflits devant être traités par un juge, tiers neutre et impartial, et ce, en vertu de l'adage nul ne peut se faire justice à soi-même. C'est dire que l'État joue un rôle important comme l'auteur le spécifie dans « *l'instauration d'institutions aptes à rendre la justice* ».

Les institutions judiciaires chargées de trancher les litiges, rendent la justice dans les matières civile, pénale, administrative et constitutionnelle. On l'aura bien deviné, le Docteur Thierno Amadou NDIOGOU a fait le choix de ne pas définir la justice commerciale parce que l'ayant incluse dans la justice civile. Au-delà des magistrats, font partie des institutions judiciaires les auxiliaires de justice.

L'auteur est revenu sur l'histoire de l'organisation judiciaire pour mettre en évidence le fait qu'à l'époque coloniale, il y avait au Sénégal une dualité d'ordre juridictionnel (ordre administratif et judiciaire). Lors des indépendances, à cette dualité s'est substituée une unification et plusieurs textes ont été adoptés.

L'auteur nous parle également de la refonte actuelle de l'organisation judiciaire symbolisée par la loi n° 2014-26 du 3 novembre 2014 fixant l'organisation judiciaire et le décret n° 2015-1145 du 3 août 2015, fixant la composition et la compétence des Cours d'appel, des tribunaux de grande instance et des tribunaux d'instance, de la multitude et dispersion des sources des institutions judiciaires qui à l'examen sont nationales (Constitution, lois, décrets), communautaires (Règlements et Actes uniformes), continentales et internationales.

Pour atteindre son objectif de « présentation des Institutions judiciaires » (les guillemets s'expliquent car notre collègue donne son avis sur certains sujets brûlants tels que la représentation des Sénégalais sur leur propre justice), le Docteur Thierno Amadou NDIOGOU ponctue son bel ouvrage en trois (03) temps :

- ✓ *L'approche générale sur l'organisation de la justice ;*
- ✓ *Les organes judiciaires ;*
- ✓ *Le personnel judiciaire.*

Le titre I, dont la quintessence est reprise au niveau de l'intérêt de l'étude, discute de l'organisation constitutionnelle et de l'organisation administrative de la justice.

Dans le Titre II de l'ouvrage, il est question de la raison d'être des organes judiciaires. Mais après avoir précisé la typologie de ceux-ci, l'auteur ne s'est intéressé qu'aux juridictions nationales avec une intégration de la Cour Commune de Justice et d'Arbitrage (CCJA). En outre, il a opéré une distinction entre les juridictions spécialisées et les juridictions d'exception.

Dans le Titre III de l'ABC, le personnel judiciaire, réparti en deux catégories à savoir les magistrats (magistrats du siège ou du parquet) d'une part et les auxiliaires de justice (services du greffe, les officiers de police judiciaire, les experts judiciaires, les officiers ministériels et les avocats) d'autre part.

Des thématiques très importantes et actuelles ont été abordées dans le cadre de cet ouvrage : l'absence de spécialisation des juges sénégalais à l'exception du Conseil constitutionnel et de la Cour des comptes, les principes fondamentaux régissant le fonctionnement de la justice, l'indépendance du juge, la nature de la jurisprudence, la nature voire l'identité de la justice (vertu, exigence morale, sentiment d'équité, pouvoir par lequel la fonction de juger est exercée par les Cours et tribunaux, service public), les critères de l'acte juridictionnel, la relation Justice et opinion publique (là-dessus, l'auteur a un point de vue équilibré, modéré).

Il y a fait montre d'une grande maîtrise de l'organisation judiciaire, du droit pénal, de la procédure pénale, civile et administrative, en somme du droit processuel. La rédaction de cet ouvrage révèle avec satisfaction la transversalité du Docteur NDIOGOU qui s'est penché, entre autres, sur des questions liées au statut des organes judiciaires, aux modes alternatifs de règlement des conflits (MARC). Seulement, nous aurions souhaité que le Docteur NDIOGOU se prononçât sur la portée abrogatoire de l'Acte uniforme relatif à la médiation (article 17) et se référât à la définition donnée de la convention d'arbitrage par le législateur de l'OHADA à l'article 3-1 dudit Acte uniforme.

Toujours au chapitre des propositions, en citant la loi n° 2014-26 du 3 novembre 2014 abrogeant et remplaçant la loi n° 84-19 du 2 février 1984 fixant l'organisation judiciaire, peut-être aurait-il dû particulièrement mettre l'accent sur la loi n° 2017-23 du 28 juin 2017 modifiant les articles 5, 6, 7, 9 et 13 de la loi n° 2014-26 du 3 novembre 2014 laquelle, de notre point de vue, mérite toilettage pour être conforme aux objectifs qu'elle s'est fixés.

Enfin, en abordant la question de la compétence du Tribunal de commerce, quoi de plus normal que de relever qu'en l'état actuel de la cartographie judiciaire, seul existe à Dakar, le Tribunal de commerce hors classe. Il n'est donc pas surprenant que survivent les dispositions de la loi n°2017-24 du 28 juin 2017 portant création, organisation et fonctionnement des tribunaux de commerce et des chambres commerciales d'Appel modifiée par la loi n°2020-14 du 8 avril 2020 (aux termes de l'article 39 : « *jusqu'à la mise en place effective des tribunaux de commerce et des chambres commerciales d'Appel, les juridictions de droit commun conservent leur compétence en matière commerciale* ») et celles du Décret n°2015-1145 du 3 août 2015 fixant la composition et la compétence des Cours d'appel, des tribunaux de grande instance et des tribunaux d'instance (suivant l'article 7, les tribunaux d'instance connaissent également en premier ressort, quel que soit l'objet du litige, des actions relatives au bail à usage professionnel au sens des dispositions prévues par l'article 101 de l'Acte uniforme du 15 décembre 2010 portant sur le droit commercial général lorsque le montant du loyer mensuel est inférieur ou égal à cent mille francs CFA).

Ces remarques peut-être très subjectives et nous étant propres, n'entament en rien la qualité de l'ouvrage. Assurément, le Docteur Thierno Amadou NDIOGOU a fait œuvre utile pour les étudiants de tout niveau confondu, les universitaires et les praticiens. Un bon vent à ce chef-d'œuvre !

Pr Patrice Samuel Aristide BADJI

Agrégé des Facultés de Droit

UCAD-Dakar (Sénégal)

LISTE DES SIGLES ET ABRÉVIATIONS

Art. : Article

AUPSRVE : Acte uniforme portant organisation des procédures simplifiées de recouvrement et des voies d'exécution

C/ : contre

CCJA : Cour commune de justice et d'arbitrage de l'OHADA

CEDEAO : Communauté économique des États de l'Afrique de l'Ouest

CF : Code de la Famille

CFJ : Centre de Formation judiciaire

COCC : Code des Obligations civiles et commerciales

CPC : Code de procédure civile

CPP : Code de Procédure pénale

CS : Cour Suprême

HCJ : Haute Cour de Justice

MARC : Modes alternatifs de Règlement des Conflits

N° : numéro

PJF : Pool judiciaire financier

JO : Journal officiel

JORS : Journal officiel de la République du Sénégal

OHADA : Organisation pour l'Harmonisation en Afrique du Droit des Affaires

OPJ :	Officier de Police judiciaire
P/pp :	Page/pages
REP :	Recours pour Excès de Pouvoir
S :	suivant
TC :	Tribunaux de Commerce
TGI :	Tribunaux de Grande Instance
TGIHC :	Tribunal de Grande Instance hors classe
TI :	Tribunaux d'Instance
TT :	Tribunaux de travail
UEMOA :	Union économique et monétaire ouest-africaine

SOMMAIRE

INTRODUCTION

Préliminaires. – À toute époque et dans toute société, il y a des juges chargés de rendre des jugements : l'existence de la fonction de juger est inhérente à toute société, si rudimentaire soit-elle. Il en fut toujours ainsi.

L'explication est simple : la cohabitation des êtres et la confrontation des idées engendrent inévitablement des contestations[1], des conflits qui doivent être tranchés et réglés par une personne ayant l'autorité et l'impartialité nécessaires.

Ce principe est capital dans une société structurée, ordonnée, démocratique, au regard du postulat : *nul ne peut se faire justice à lui-même*[2].

Par conséquent, l'État joue un rôle déterminant dans l'instauration d'institutions aptes à rendre la justice.

Que désigne exactement l'expression « institutions judiciaires » ? – Quand on parle d'institutions judiciaires, l'on pense immédiatement aux organes mis en place par l'État pour trancher, selon certaines règles protectrices des intérêts en présence, les litiges nés de l'application des

[1] Ce peut être d'abord parce que les intéressés ne sont pas d'accord sur l'existence de certains faits : un acheteur prétend, par exemple, qu'il ne doit plus rien parce qu'il a déjà payé. Mais ce peut être aussi parce que l'application de la règle de droit est sujette à controverse : quel sens faut-il lui donner ? Quelle est sa portée ? S'applique-t-elle au cas litigieux ? Bref, pour différents motifs, des prétentions s'affrontent.

[2] J.-C. BOURDIN, Fr. CHAUVAUD, L. GAUSSOT et P.-H. KELLER (Dir.), *Faire justice soi-même*, Presses universitaires de Rennes, 2010, 318 pages.

règles juridiques, ou encore aux juridictions chargées de rendre des décisions de justice ayant force exécutoire sur le territoire de l'État, grâce à diverses règles d'organisation et de procédure, dans le but de trancher des litiges en application d'une règle de droit[3].

Pour répondre à la diversité de leurs attributions, ces juridictions rendent des décisions dans le domaine de la « *justice civile* », de la « *justice pénale* », de la « *justice administrative* », de la « *justice constitutionnelle* ».

« Justice civile » : elle a pour objet de trancher les litiges opposant les particuliers (par exemple, les contentieux d'ordre familial nés à l'occasion d'un mariage, d'un divorce, d'un décès), étant précisé que la « *justice civile* » n'exclut pas les litiges en matière commerciale et en matière sociale.

« Justice pénale » : elle est exercée par les tribunaux de police, les tribunaux correctionnels et les chambres criminelles et l'objectif est de réprimer les infractions (contravention – délit – crime) qui ont été commises.

« Justice administrative » : elle a pour trait caractéristique de juger les litiges concernant l'administration et les particuliers. En principe, toutes les juridictions sénégalaises sont compétentes en matière administrative. Mais certaines questions du contentieux administratif sont confiées à certaines juridictions. Par exemple, le recours pour excès de pouvoir relève de la compétence des Chambres administratives de la Cour suprême ; le contentieux fiscal est porté à la connaissance du Tribunal de Grande Instance ; certains litiges en matière électorale sont de la compétence de la Cour d'appel.

[3] N. BRACONNAY et M. DELAMARRE, *Institutions juridictionnelles*, Vuibert, 2007, p. 5.

« ***Justice constitutionnelle*** » : elle est confiée au Conseil constitutionnel qui intervient pour contrôler la constitutionnalité d'une loi, pour trancher les conflits de compétence entre le pouvoir exécutif et le pouvoir judiciaire.

À chacun de ces types de justice correspondent des juridictions très différentes par leur esprit et leurs structures. Il importe cependant de préciser que *la spécialisation* ne joue pas, en principe, quant à l'exercice des fonctions de juger ; les juges sénégalais doivent se prononcer en toutes matières ; la loi leur donne compétence pour juger les affaires civiles, pénales, commerciales et administratives. Toutefois, l'existence du *Conseil constitutionnel* et de la *Cour des comptes* porte atteinte au principe de la *non-spécialisation.*

Par extension, l'étude des institutions judiciaires porte aussi sur l'ensemble des services concourant à l'administration de la justice et le personnel participant à l'œuvre de la justice. À vrai dire, les juridictions ne serviraient à rien s'il n'y avait pas un important personnel judiciaire pour en assurer l'animation : les *magistrats* (du siège et du Parquet) bien entendu, mais aussi un ensemble d'acteurs diversifiés que l'on a coutume d'appeler les « *auxiliaires de justice* » ; il s'agit des *collaborateurs du juge*[4] et des *auxiliaires du justiciable*[5].

Cette étude traite également des principes fondamentaux présidant à l'organisation et au fonctionnement de la justice. L'organisation judiciaire est, en effet, régie par des

---

[4] Notamment, les greffiers, les officiers de police judiciaire, les experts judiciaires, les commissaires-priseurs judiciaires, les administrateurs et mandataires liquidateurs.

[5] Notamment, les officiers ministériels, les notaires, les huissiers de justice et les avocats.

principes ayant trait à la nature du secteur de la justice lui-même qui est un service public.

***À RETENIR :* Les institutions judiciaires englobent tant les *organes* (tribunaux et cours), le *personnel judiciaire* (les magistrats et les auxiliaires de justice) que les *principes fondamentaux* qui régissent le fonctionnement des juridictions.**

Origine historique de l'organisation contemporaine des juridictions. – L'organisation judiciaire du Sénégal se caractérisait, durant la période coloniale, par une dualité d'ordre juridictionnel : il y avait les juridictions de l'ordre administratif et celles de l'ordre judiciaire[6].

S'agissant de l'ordre administratif, il était constitué des juridictions qui jugeaient et contrôlaient l'administration et réglaient les conflits avec cette dernière.

Relativement à l'ordre judiciaire, il était constitué de juridictions de droit moderne et de juridictions de droit local[7]. Les juridictions de droit moderne composées des justices de paix à compétence restreinte ou large, des tribunaux de première instance, de la Cour d'appel et de la Cour de cassation, statuaient pour la cause des citoyens français. Quant aux juridictions de droit local, elles statuaient pour les indigènes[8].

---

[6] S. THIAM, « L'histoire de la procédure civile au Sénégal (1823-1964) », *P.U.S.S : de la justice coloniale aux systèmes judiciaires africains contemporains*, Droit écrit sénégalais, Toulouse Capitole, n° 5, nov. 2006.

[7] Cette dualité était fondée sur le statut des justiciables parce qu'on avait des indigènes et des citoyens français qui étaient les ressortissants de la métropole ou des quatre communes (Dakar, Saint Louis, Gorée et Rufisque).

[8] Avant l'indépendance, diverses autorités avaient le pouvoir de rendre la justice. Ainsi, il existait des juridictions coutumières où siégeaient les chefs coutumiers mais aussi des juridictions religieuses où intervenaient des personnalités issues de la mosquée ou de l'église. À l'indépendance, ces dernières ont été toutes supprimées.

Mais, à la fin de la colonisation, il y a eu unification dans deux directions :

♠ *en premier lieu*, la suppression de la distinction qui se faisait entre droit moderne et droit local car tous les justiciables sont devenus des citoyens sénégalais ;

♠ *en second lieu*, la suppression de la distinction entre les ordres juridictionnels ; d'où le choix d'un ordre juridictionnel unique s'écartant ainsi du modèle français de dualité de juridictions.

Ainsi, dans le but de débarrasser le droit de son héritage colonial et d'adapter les lois au caractère laïc, démocratique et moderne de l'État[9], le Sénégal a réalisé plusieurs réformes dans le secteur judiciaire[10].

Architecture de l'organisation des juridictions au lendemain de l'indépendance. – Dès son accession à la souveraineté internationale en **août 1960**[11], le Sénégal a opté pour une organisation judiciaire simple, réaliste et pragmatique. La loi 60-045 du 26 août portant Constitution de 1960, adoptée après l'éclatement de la Fédération du Mali, institue une Cour suprême organisée par

---

[9] Selon Sidiki KABA, cette option fondamentale s'est exprimée non seulement par le choix de la forme républicaine de l'État, mais par le principe de la séparation des pouvoirs entre l'Exécutif, le Législatif et le Judiciaire (S. KABA, *L'avenir des droits de l'homme en Afrique à l'aube du XXIe siècle*, Dakar, 1996, p. 8).

[10] K. MBAYE, « Histoire de l'organisation des juridictions », *in Encyclopédie juridique de l'Afrique*, N.E.A. Dakar, Tome IV, 1982, p. 19-438.

[11] La loi 60-041 du 20 août 1960 proclamant l'Indépendance du Sénégal. Pour aller plus loin, voir I. M. FALL, *Évolution constitutionnelle du Sénégal - De la veille de l'Indépendance aux élections de 2007*, CREDILA-CREPOS, 2007, 181 pages.

l'ordonnance n° 60-17 du 3 septembre 1960[12]. Au sommet de l'organisation judiciaire, la Cour suprême, comprenait des sections et exerçait toutes les fonctions juridictionnelles dans toutes les matières[13] (*judiciaire, administrative, financière et constitutionnelle*)[14]. Puis le 14 novembre 1960, la première loi fixant l'organisation judiciaire du Sénégal fut adoptée ; il s'agit de **l'ordonnance n° 60-56 du 14 novembre 1960**[15].

En **juillet 1981**, simultanément à la loi introduisant dans le Code pénal sénégalais le délit d'enrichissement illicite[16], une juridiction *ad hoc* a été créée : la Cour de répression de l'enrichissement illicite (CREI)[17], « *chargée uniquement de réprimer l'enrichissement illicite et tout délit de corruption ou de recel connexe* »[18]. Le délit d'enrichissement illicite est le fait pour une personne investie d'un mandat, d'une

---

[12] Ordonnance n° 60-17 du 3 septembre 1960 portant création de la Cour suprême, *JORS*, n° 3399, 12 sept. 1960, p. 926, modifiée à plusieurs reprises (1970, 1980, 1981, 1984, 1987).

[13] I. Y. NDIAYE, « Le Conseil constitutionnel sénégalais », *in Les Nouveaux Cahiers du Conseil constitutionnel*, 2014/4, n° 45, p. 306 ; M. AURILLAC, « La Cour suprême du Sénégal », Revue juridique et politique : indépendance et coopération, vol. 25, 1969, pp. 65-98.

[14] L'article 62 de cette loi disposait : « *La Cour suprême de la République connaît notamment de la constitutionnalité des lois ainsi que des engagements internationaux* ». Cette compétence a été maintenue par la loi n° 63-22 du 7 mars 1963 portant Constitution du Sénégal. C'est sous cette physionomie qu'elle va fonctionner jusqu'en 1992 avant d'être supprimée par la grande réforme judiciaire du 30 mai 1992 instituant trois juridictions au sommet de la hiérarchie : le Conseil constitutionnel, la Cour de cassation et le Conseil d'État.

[15] Abrogée et remplacée par la Loi n° 84-19 du 2 février 1984, *JORS*, n° spécial, du 03 mars 1984, p. 124.

[16] Article 163 Bis, issu de la Loi n° 81-53 du 10 juillet 1981 relative à la répression de l'enrichissement illicite, *JORS*, n° 4846, spécial, du 24 juillet 1981, p. 713.

[17] Loi n°81-54 du 10 juillet 1981 portant création de la Cour de répression de l'enrichissement illicite, JORS, n° 4849, spécial, du 24 juillet 1981, p. 715.

[18] Loi n° 81-54 du 10 juillet 1981, art. 1er.

fonction publique ou œuvrant dans un groupement bénéficiant d'un statut public, d'une reconnaissance de l'autorité publique ou de concours financiers de la puissance publique, d'être dans l'impossibilité de justifier l'origine licite des ressources qui lui permettent d'être en possession d'un patrimoine ou de mener un train de vie sans rapport avec ses revenus légaux après avoir reçu une mise en demeure du procureur spécial. De nos jours, plus précisément depuis le 02 août 2023[19], la CREI est supprimée et remplacée par le Pool judiciaire et financier (PJF) afin d'améliorer la lutte contre la criminalité économique et financière. Il résulte de l'article 677-92 CPP issu de la **Loi n° 2023-14 du 02 août 2023** que : « *il est institué au Tribunal de Grande Instance hors classe et à la Cour d'appel de Dakar, un Pool judiciaire spécialisé dans la répression des crimes et délits économiques ou financiers, dénommé Pool judiciaire financier, en abrégé « PJF »* »[20].

En **février 1984**[21], une des premières grandes réformes intervient, concernant les juridictions dites de bases[22] : les tribunaux de première instance deviennent des tribunaux régionaux ; les justices de paix deviennent les tribunaux départementaux. Cette réforme qui a constitué une étape décisive de l'évolution du système judiciaire sénégalais[23], a

---

[19] Loi n° 2023-14 du 02 août 2023 modifiant la loi n° 65-61 du 21 juillet 1965 portant Code de Procédure pénale, *JORS*, n° 7647, spécial, du mercredi 02 août 2023, pp. 967 et s.

[20] CPP, art. 677-92 issu de la Loi n° 2023-14 du 02 août 2023 ci-dessus.

[21] Loi 84-19 du 2 février 1984 fixant l'organisation judiciaire au Sénégal, *JORS* du 3 mars 1984, p. 124.

[22] M. B. CAMARA, « Préface », *in* P. A. TOURE, *La réforme de l'organisation judiciaire au Sénégal, commentée et annotée*, CREDILA, L'Harmattan-Sénégal, 2016, 4432 p.

[23] P. A. TOURE, « La réforme de l'organisation judiciaire au Sénégal : évolution ou révolution ? », *in La balance*, Rev. semestrielle UMS, janvier - juin, 2017, p. 12.

procédé à une réorganisation de l'appareil judiciaire en vue de « *rapprocher la justice de la juridiction compétente* ». Ce faisant, l'organisation judiciaire comprend « *outre la Cour suprême siégeant à Dakar, des Cours d'appel, des cours d'assises, des tribunaux régionaux, des tribunaux départementaux et des tribunaux du Travail* »[24].

En **mai 1992**, la réforme de la Cour Suprême[25] a pour résultat
son éclatement en trois (03) hautes juridictions[26] : le Conseil constitutionnel[27], le Conseil d'État[28] et la Cour de cassation[29]. Pour reprendre un auteur, « *c'est en 1992 que l'organisation judiciaire va en fait subir des mutations structurelles qui l'ont fait passer d'un système d'unité de juridiction coiffé par la Cour suprême à un système* « d'autonomisation » *des juridictions et des contentieux avec l'apparition du Conseil constitutionnel, du Conseil d'État, de la Cour de cassation [...]* »[30]. Cette réforme se rapprochait davantage du modèle français, mais avec la particularité que l'unité juridictionnelle soit maintenue à la base. Ces hautes juridictions avaient une plénitude de compétence dans les matières qui leur étaient confiées.

---

[24] Loi 84-19 du 2 février 1984, art. 1er.

[25] Créée par l'ordonnance n° 60 - 17 du 3 septembre 1960, précitée.

[26] Loi constitutionnelle 92-22 du 30 mai 1992 portant révision de la Constitution du Sénégal, JORS, n° 5469, 1er juin 1992, p. 238.

[27] Loi 92-23 du 30 mai 1992 sur le Conseil constitutionnel, *JORS*, n° 5469, 1er juin 1992, p. 240. Cette loi a été modifiée par la Loi organique n° 99-71 du 17 février 1999. De nos jours, le Conseil est régi par la Loi n° 2016-23 du 14 juillet 2016 relative au Conseil constitutionnel, JORS du 29 août 2016, disponible sur le lien suivant : http://www.jo.gouv.sn

[28] Loi 92-24 du 30 mai 1992 sur le Conseil d'État, *JORS*, n° 5469, 1er juin 1992, p. 243.

[29] Loi 92-25 du 30 mai 1992 sur la Cour de cassation, *JORS*, n° 5469, 1er juin 1992, p. 248.

[30] I. M. FALL, *Évolution constitutionnelle du Sénégal - De la veille de l'Indépendance aux élections de 2007*, *op. cit.*, p. 60.

En **janvier 1999**, le parachèvement complet de la spécialisation au sommet a été réalisé par la loi n° 99-02 du 29 janvier 1999 portant révision de la Constitution instaurant la Cour de comptes[31]. Cette option se justifiait notamment par la volonté de prendre en compte la spécificité du contentieux financier résultant des engagements communautaires du Sénégal dans le cadre de l'UEMOA. La Cour de comptes, élevée au rang d'institution constitutionnelle, est créée par la **Loi n° 99-70 du 17 février 1999**[32]. La Cour des comptes a pour compétence d'assister le Parlement, le Président de la République et le Gouvernement dans le contrôle de l'exécution des lois de finances. Également, elle juge les comptes des comptables publics ; elle vérifie la régularité des recettes et des dépenses et s'assure du bon emploi des crédits, fonds et valeurs gérés par les services de l'État ou par les autres personnes morales de droit public ; elle assure la vérification des comptes et de la gestion des entreprises publiques et organismes à participation financière publique. Elle déclare et apure les gestions de fait. Elle sanctionne les fautes de gestion commises à l'égard de l'État, des collectivités locales et des organismes soumis à son contrôle. La Loi 99-70 est abrogée et remplacée par celle **n° 2012-23 du 27 décembre 2012**[33]. Les modalités d'application de ce texte sont précisées par le décret n° 2013-1449 du 13 novembre 2013[34].

[31] Au Sénégal, le Conseil d'État était le seul juge de l'excès de pouvoir et de la régularité des comptes des comptables publics, cumulant ainsi les fonctions dévolues en France au Conseil d'État et à la Cour des comptes.
[32] Loi 99-70 du 17 février 1999 sur la Cour des comptes, *JORS*, n° 5845 du 20 février 1999, p. 795.
[33] *JORS*, n° 6711 du 2 février 2013, p. 67.
[34] *JORS*, n° 6420 du 8 août 2008.

En **août 2008**[35], tirant argument du bilan mitigé de la réforme du 30 mai 1992 qui aurait un impact pernicieux sur les moyens budgétaires et humains mis à la disposition de la justice, l'on a assisté à la renaissance de la Cour suprême[36] dans l'édifice des juridictions suprêmes. Ainsi, la Cour suprême est créée en lieu et place du Conseil d'État et de la Cour de cassation[37] ; mais, le Conseil constitutionnel et la Cour des comptes conservent leurs spécificités et attributions[38]. Plus de sept années après la renaissance de la Cour suprême née du regroupement du Conseil d'État et de la Cour de cassation, l'application au quotidien de la loi organique de 2008 a révélé des difficultés et des insuffisances qui ont justifiées sa refonte avec la **Loi n° 2017-09 du 17 janvier 2017**[39]. Cette Loi de 2017 sur la Cour suprême a été modifiée par la **Loi n° 2022-16 du 23 mai 2022**[40].

Pour compléter le bilan des grandes réformes du secteur public de la justice, marquée par un mouvement balancier[41], il y a lieu de rappeler que des Chambres africaines extraordinaires étaient créées au sein des tribunaux sénégalais pour la poursuite des crimes internationaux

---

[35] Loi constitutionnelle n° 2008-34 du 7 août 2008, *JORS,* n° 6420 du 8 août 2008, p. 755.

[36] P. M. NDIAYE, *La renaissance de la Cour suprême,* Dakar, éd. de la Cour suprême, 2008, 78 p.

[37] Loi n° 2008-34 du 7 août 2008, art. 1er.

[38] Il y a désormais une meilleure visibilité au sommet de la pyramide judiciaire.

[39] Loi organique n° 2017-09 du 17 janvier 2017 abrogeant et remplaçant la loi organique n° 2008-35 du 08 août 2008 sur la Cour suprême, *JORS* n° 6986 du 18 janvier 2017, p. 47.

[40] Loi organique n° 2022-16 du 23 mai 2022 modifiant la loi organique n° 2017-09 du 17 janvier 2017 abrogeant et remplaçant la loi organique n° 2008-35 du 08 août 2008 sur la Cour suprême, *JORS,* spécial, n° 7531 du 23 mai 2022, p. 571.

[41] P. A. TOURE, « La réforme de l'organisation judiciaire au Sénégal : évolution ou révolution ? », *op. cit.,* p. 12.

(*crimes de génocide, crimes contre l'humanité, crimes de guerre et torture*) commis au Tchad durant la période du 7 juin 1982 au 1er décembre 1990 et ce, à la suite d'un accord entre le Gouvernement du Sénégal et l'Union africaine en date du **22 août 2012**. Le Sénégal avait transposé cet accord dans son ordre juridique[42]. Bien que créées au sein des juridictions sénégalaises, ces chambres avaient un caractère international et une durée d'existence limitée dans le temps[43].

Refonte actuelle de l'organisation judiciaire. – Elle est portée par deux (02) textes :

❖ ***Premier texte : la Loi n° 2014-26 du 03 novembre 2014 fixant l'organisation judiciaire au Sénégal*** qui a abrogé et remplacé la loi n° 84-19 du 2 février 1984[44], modifiée[45]. Suivant l'exposé des motifs de la loi de 2014, « *les grandes réformes de l'organisation judiciaire opérées en 1984 et 1992, en dépit de leurs ambitions proclamées, n'ont pas atteint tous les objectifs escomptés pour l'avènement d'une justice égale pour tous, plus proche des justiciables, plus rapide et plus accessible. En effet, l'étude de notre organisation judiciaire a révélé des goulots d'étranglement et des facteurs de blocage nuisant à*

---

[42] Loi n° 2012-29 du 28 décembre 2012, *JORS*, n° 6712 du 09 février 2013, p. 90.

[43] Le Statut des chambres africaines extraordinaires, art. 37 : « *1. Les Chambres africaines extraordinaires sont dissoutes de plein droit une fois que les décisions auront été définitivement rendues. 2. Les dossiers sont archivés au Greffe de la Cour d'appel de Dakar une fois que les Chambres africaines extraordinaires auront été dissoutes. 3. Les juridictions nationales sont en charge de toutes les questions qui pourraient survenir postérieurement à la dissolution des Chambres africaines extraordinaires* ».

[44] *JORS* n° 6818 du 10 novembre 2014, p.1359.

[45] Par la Loi n° 2017-23 du 28 juin 2017 modifiant les articles 5, 6, 7, 9 et 13 de la loi n° 2014-26 du 03 novembre 2014 fixant l'organisation judiciaire, *JORS*, n° 7023 du samedi 1er juillet 2017. Cette loi est à son tour modifiée par la Loi-2020-14 du 08 avril 2020.

l'efficacité globale du système. C'est pourquoi, il est apparu nécessaire de réformer en profondeur l'organisation judiciaire pour asseoir un système moderne et plus performant. La nouvelle organisation judiciaire, repose essentiellement sur trois innovations :

– La définition d'une nouvelle carte judiciaire avec comme corollaire la création de tribunaux d'instance à la place des tribunaux départementaux et de tribunaux de grande instance à la place des tribunaux régionaux[46] *;*

– Une nouvelle répartition des compétences pour faire des tribunaux d'instance de véritables juridictions de proximité ;

– La création de chambres criminelles au niveau des Cours d'appel et des tribunaux de grande instance.

– Il est prévu, en même temps la création, dans les juridictions d'instance, de grande instance et d'Appel, de chambres spécialisées en matière civile, commerciale et pénale… ».

❖ ***Second texte : le décret n° 2015-1145 du 03 août 2015 fixant la composition et la compétence des Cours d'appel, des Tribunaux de Grande Instance (TGI) et des Tribunaux d'Instance (TI)***[47]. Ce décret a abrogé et remplacé le décret n° 84-1194 du 22 octobre 1984 fixant la composition et la compétence des Cours d'appel, des Tribunaux régionaux et des Tribunaux départementaux[48].

Sources des institutions judiciaires. – Le nombre et la dispersion des textes sur l'organisation et le fonctionnement des juridictions semblent créer un état de désordre législatif

---

[46] Loi 2014-26 du 3 novembre 2014 abrogeant et remplaçant la loi 84-19 du 2 février 1984 fixant l'organisation judiciaire au Sénégal, JORS n° 6818 du 10 novembre 2014, p.1360, Art. 4.

[47] *JORS*, n° 6869, spécial, du 18 août 2015, pp. 797 et s.

[48] *JORS*, n° 5031, spécial, du 23 octobre 1984, pp. 687 et s.

et réglementaire qui rend extrêmement malaisé et souvent aléatoire la recherche des textes applicables. Sous ce prisme, il serait hors de propos de les inventorier : ils seront cités chemin faisant à propos de chacune des questions étudiées. Pour l'instant, on se bornera simplement à citer les textes essentiels. On retiendra en particulier, pour l'ordre judiciaire :

♦ *La Loi n° 2001-03 du 22 janvier 2001 portant constitution du Sénégal, modifiées*[49]*. En effet, les articles 1er, 32, 35, 51 et 88 à 94 de la Constitution sont considérés comme pertinents pour les questions intéressant l'organisation judiciaire ;*

♦ *Règlement n° 05/CM/UEMOA du 25 septembre 2014 relatif à l'harmonisation des règles régissant la profession d'Avocat dans l'espace UEMOA*[50/51] *;*

♦ *Loi 2014-26 du 3 novembre 2014, fixant l'organisation judiciaire au Sénégal, modifiée ;*

♦ *Loi organique n° 2017-09 du 17 janvier 2017 abrogeant et remplaçant la loi organique n° 2008-35 du 08 août 2008 sur la Cour suprême*[52]*, modifiée par la Loi*

---

49 *JORS*, n° spécial 5963 du 22 janvier 2001, p. 27.

50 Entrée en vigueur le 1er janvier 2015, l'article 5, al. 1er dudit Règlement dispose : « *les avocats assistent leurs clients dès leur interpellation, durant l'enquête préliminaire, dans les locaux de la police, de la gendarmerie, ou devant le parquet* ». Au sens de la Circulaire n° 00179 MJ/DACG/MN du 11 janvier 2018 relative aux modalités d'application de l'article 5 du Règlement n° 05/CM/ UEMOA, « *l'interpellation ne se réduit pas à la garde à vue. Elle englobe une réalité plus vaste. Elle s'étend à toutes les situations dans lesquelles le suspect est à la disposition de l'OPJ aux fins d'un interrogatoire ou d'une enquête. Elle ne s'étend cependant à la brève vérification d'identité ou verbalisation notamment dans la rue, qui ne conduit pas à une enquête ou à une audition sur procès-verbal* ».

51 Avant le Règlement, la profession était régie par la loi n°2009-25 du 8 août 2009 portant modification de la loi n°84-09 du 04 janvier 1984 complétée par la loi n° 87-30 du 28 décembre 1987.

52 *JORS n° 6986 du 18 janvier 2017, p. 47.*

organique n° 2022-16 du 23 mai 2022 modifiant la loi organique n° 2017-09 du 17 janvier 2017[53].

♦ *La Loi n° 2017-24 du 28 juin 2017 portant création, organisation et fonctionnement des tribunaux de commerce et des chambres commerciales d'Appel*[54], *modifiée le 8 avril 2020*[55] ;

♦ *La Loi organique n° 2017-10 du 17 janvier 2017 portant Statut des magistrats*[56] ;

♦ *Loi organique n° 2017-11 du 17 janvier 2017 portant organisation et fonctionnement du Conseil supérieur de la Magistrature*[57] ;

♦ *Décret n° 2015-1145 du 03 août 2015 fixant la composition et la compétence des Cours d'appel, des Tribunaux de Grande Instance et des Tribunaux d'Instance ;*

♦ *Décret n° 2020-1524 du 17 juillet 2020 fixant le statut des notaires*[58] ;

♦ *Décret n° 2020-1589 du 6 août 2020 portant statut des huissiers de justice*[59] ;

---

[53] *JORS*, spécial, n° 7531 du 23 mai 2022, p. 571.

[54] Loi n° 2017-24 du 28 juin 2017 portant création, organisation et fonctionnement des tribunaux de commerce et des chambres commerciales d'Appel JORS, n° 7023 du samedi 1er juillet 2017, p. 762.

[55] Modifiée par la Loi-2020-14 du 08 avril 2020 modifiant la Loi n° 2017-24 du 28 juin 2017.

[56] *JORS*, n° 6986 du 18 janvier 2017, p. 68.

[57] *JORS*, n° 6986 du 18 janvier 2017, p. 79.

[58] *Disponible sur le lien suivant :* https://justice.sec.gouv.sn/wp-content/uploads/2020/11/Decret-2020-1524-fixant-le-statut-des-notaires.pdf, (consulté le 25 mars 2023).

[59] *JORS*, n° 7362, 26 septembre 2020. Ce Décret à abrogé et remplacé celui n° 2002-803 du 9 août 2002 modifiant le décret n° 89-690 du 15 juin 1989, *JORS*, n° 6068, du 12 octobre 2002, p. 763.

Plus spécialement en ce qui concerne la procédure qui doit être suivie devant les juridictions de l'ordre judiciaire, une place à part doit être réservée à cinq textes :

❖ *Acte uniforme relatif à la médiation, signé à Conakry le 23 novembre 2017*[60] *;*

❖ *Acte uniforme relatif au droit de l'arbitrage adopté le 11 mars 1999*[61]*, révisé à Conakry le 23 novembre 2017*[62] *;*

❖ *Acte uniforme du 10 avril 1998 portant organisation des Procédures Simplifiées de Recouvrement et des Voies d'Exécution (AUPSRVE)*[63]*, révisé le 17 octobre 2023*[64] *;*

❖ *La Loi n° 65-61 du 21 juillet 1965 portant Code de procédure pénale, plusieurs fois modifiée*[65] *dont la dernière est intervenue avec la Loi n° 2023-14 du 02 août 2023 sur le Pool judiciaire et Financier (PJF) ;*

❖ *Le Décret n° 64-572 du 30 juillet 1964 portant Code de procédure civile*[66]*, modifié.*

Plan de l'ouvrage. – Cet ouvrage dont le seul dessein est de présenter les *Institutions Judiciaires* qui concourent à l'administration de la justice, il ne saurait être question d'étudier dans tous leurs détails les dispositions procédurales qui régissent les différents contentieux. D'autres ouvrages (*procédure pénale, procédure civile, contentieux social, contentieux administratif, etc.*) s'y consacrent avec bonheur. Ceci étant dit, le présent manuel comporte trois (03) titres. Le premier d'entre eux, intitulé « ***approche générale sur l'organisation de la justice*** »,

---

[60] *JO OHADA,* n° spécial du 15 décembre 2017.
[61] *JO OHADA n° 08 du 15 mai 1999.*
[62] *JO OHADA,* n° spécial du 15 décembre 2017.
[63] *JO OHADA,* n° 6, du 1er juin 1998, pp. 1 et s.
[64] *JO OHADA,* n° spécial du 15 novembre 2023.
[65] *JORS,* n°377, du 25 octobre 1965.
[66] *JORS,* n° 3705, du 28 septembre 1964, p. 1289.

aborde les thèmes fondamentaux constituant le socle de l'institution (**Titre 1**). Dans le titre dédié aux « ***organes judiciaires*** », il est procédé à la description de chaque juridiction et aux éléments de compétence (**Titre 2**). Enfin, le troisième titre présente le « ***personnel judiciaire*** » en examinant les règles générales relatives aux modes et conditions de recrutement des magistrats et au statut des différents acteurs de la justice (**Titre 3**).

TITRE 1

APPROCHE GÉNÉRALE SUR L'ORGANISATION DE LA JUSTICE

Qu'est-ce que la justice ? – La justice est un terme qui a plusieurs sens. Elle peut être envisagée comme une vertu, une exigence morale, un sentiment d'équité que l'on porte au fond de soi-même[67]. Cette acception subjective varie en fonction de la morale de chacun. En d'autres mots, il s'agit de ce qui est « *idéalement juste, conforme aux exigences de l'équité et de la raison* »[68]. Elle peut également être envisagée comme un pouvoir, par lequel la fonction de juger est exercée par les Cours et tribunaux en vue de permettre la réalisation du droit invoqué ou contesté (rendre justice) et dès lors de « *restaurer l'harmonie sociale troublée* »[69].

Cette seconde acceptation désigne les institutions judiciaires[70], organisées de manière hiérarchisée et géographique, la loi conférant des compétences différentes aux juridictions en fonction d'une grille de répartition tenant compte de la nature et de sa localisation.

[67] R. PERROT, *Institution judiciaire*, Montchrestien, 8e éd, 2012, p. 9.

[68] G. CORNU, *Vocabulaire juridique*, 8e éd., PUF, 2007, V° « *justice* ».

[69] H. MOTULSKY, *Droit processuel*, Montchrestien, 1973, p. 7.

[70] S. S. KUATE TAMEGHE, *La justice, ses métiers, ses procédures*, L'Harmattan,
4e éd., 2021, 1462 p.

Fonction de juger. – Rendre la justice, c'est trancher le litige selon le droit applicable au terme d'une procédure organisée. *Le litige* est une contestation d'ordre juridique soumise à une juridiction. Au sens strict, une contestation surgit lorsqu'une prétention se heurte à la résistance de celui à l'encontre de qui elle est formulée ; le litige, également dénommé « *différend* », se transforme en procès lorsque le désaccord juridique est porté devant un juge appelé à le trancher de manière impartiale ; il est également à distinguer du « *conflit* »[71] qui ne se meut pas sur le seul terrain du droit, comme un conflit conjugal[72].

Quant au droit applicable, il s'agit de toutes les normes permettant au juge de régler la contestation : Constitution, Conventions internationales, Règlement, lois, arrêtés, etc.

La procédure, enfin, est l'ensemble des règles à suivre pour introduire un litige, obtenir une décision et l'exécuter ; elle doit satisfaire à une double exigence d'efficacité et de respect des droits de la défense.

Notion d'acte juridictionnel. – L'acte juridictionnel s'oppose aux actes législatifs et réglementaires et, au sein des actes émanant d'un juge, aux actes d'administration judiciaire, également dénommés mesures d'ordre intérieur consistant à organiser le service ou à régler certaines questions relatives à l'instance[73]. Il s'agit de l'activité du juge en tant que tel, qui se caractérise essentiellement par une prise de position de celui-ci. L'acte juridictionnel se caractérise, en principe, par la réunion de trois (03) critères :

---

[71] J-B. RACINE, « Les modes alternatifs de résolution des conflits : Approche générale et spéciale », Centre de recherche en droit économique (CREDECO), *Ronéo*, mars 2001, p. 8.
[72] L. CADIET, J. NORMAND, S. AMRANI-MEKKI, *Théorie générale du procès*, PUF, coll. Thémis, 2020.
[73] Ch. JARROSSON, « Réflexions sur l'imperium », in *Études offertes à P. BELLET*, Paris, Litec, 1991, p. 274.

Un critère organique : *il s'agit de l'œuvre d'un organe statutairement indépendant investi de la fonction juridictionnelle ;*

Un critère matériel : *il s'agit de statuer sur une question litigieuse entre des adversaires en faisant application de la règle de droit ;*

Un critère formel : *il s'agit du respect des formes traduisant les garanties procédurales.*

Justice et opinion publique. – L'opinion publique noue avec la justice des relations tourmentées. Sans vouloir épuiser un sujet revenu à de nombreuses reprises à l'avant-plan à l'occasion de procès médiatisés relevant parfois de graves erreurs dans le processus judiciaire, le plus souvent pénal, nous nous bornerons à exprimer les considérations suivantes[74].

– *En premier lieu, tout procès fait nécessairement des mécontents ;*

– *Il peut de plus y avoir un décalage entre la législation et les mentalités ; ce décalage peut provoquer des actes de désobéissance civile ;*

– *Il convient également de relever que le justiciable attend des « arrêts de cœur » alors que le juge ne peut apporter que des « arrêts de droit » car, il est enfermé dans des cadres légaux qui prévalent sur le sentiment de justice.*

– *Par ailleurs, l'on s'accorde à constater que le langage judiciaire est trop peu clair, parfois incompréhensible ; or il est naturel de se méfier de ce que l'on ne comprend pas.*

---

[74] G. de LEVAL, Fr. GEORGES, *Précis de droit judiciaire - Tome 1, Les institutions judiciaires : organisation et éléments de compétence*, Larcier, 2e édition, 2014, pp. 19 et s.

– *L'opinion publique peut être très versatile ou pétrie de contradictions tout en détenant une puissance considérable.*

Ces facteurs expliquent pourquoi la justice peut être la « *mal aimée* » à une époque où des efforts considérables sont déployés pour restaurer la crédibilité de l'institution dans l'opinion publique. Plus fondamentalement, le droit ne peut pas tout. Une évolution des mentalités est perceptible. À la réponse judiciaire résultant combat sans merci, on préfère une solution peut-être moins satisfaisante mais obtenue dans de meilleures conditions. C'est ce qui explique, dans une certaine mesure, le succès des Modes alternatifs de règlement des conflits (MARC).

Méthode d'analyse. – Sous le bénéfice de ces précisions, notre propos sur la justice ne se veut ni philosophique ni moralisateur, mais simplement technique. Nous chercherons à circonscrire et à définir le rôle que joue l'ensemble des institutions destinées à promouvoir la justice[75]. Au Sénégal, la justice connaît une organisation constitutionnelle et administrative. En vertu de la Constitution du 22 janvier 2001, la justice constitue le pouvoir judiciaire[76] (**Chapitre 1**). Étant, par ailleurs, le monopole de l'État, elle constitue un véritable service public[77] (**Chapitre 2**).

---

[75] L. CADIET, *Découvrir la justice*, Dalloz orientation, 2e éd., 2000, 266 p.

[76] Le mot « *judiciaire* » étymologiquement renvoie à ce qui est relatif à la justice, à son organisation ou à son administration. Ensuite il renvoie à ce qui se fait en justice par l'autorité de justice ou ce qui découle d'une décision de justice.

[77] Le régime juridique du service public de la justice est assez original, dans la mesure où il doit concilier différents objectifs à savoir, assurer la protection des droits et intérêts légitimes des justiciables ; sauvegarder leur droit fondamental de recourir à un juge, mais aussi de garantir l'indépendance des juges par rapport aux autres pouvoirs publics, législatif et exécutif, et offrir une justice de qualité qui réponde aux exigences du procès équitable.

CHAPITRE 1

L'ORGANISATION CONSTITUTIONNELLE DE LA JUSTICE : UN POUVOIR

Vue d'ensemble. – Dans un régime politique de séparation des pouvoirs, l'expression « *pouvoir judiciaire* » désigne l'une des trois grandes instances du pouvoir d'un État[78], à savoir l'exécutif, le législatif et le judiciaire[79]. Au

[78] DDHC de 1789, art. 16 : « *Toute société dans laquelle la garantie des droits n'est pas assurée, ni la séparation des pouvoirs déterminée n'a pas de constitution* ».

[79] L'assaut contre l'absolutisme est une préoccupation permanente des philosophes. Aristote, dans son ouvrage « *Le politique* » dans l'optique d'une division technique, croit utile d'opérer une distinction entre les trois catégories de pouvoirs essentiels à chacun desquels le sage législateur doit faire place de la manière la plus convenable. Le premier de ces trois pouvoirs est celui qui délibère sur les affaires de l'État, le deuxième comprend toutes les magistratures ou pouvoirs constitués c'est-à-dire ceux dont l'état a besoin pour agir, le troisième embrasse les offices de juridiction.
Cette approche sera approfondie par John LOCKE dans son traité sur le gouvernement civil publié en 1690 où il écrit : « *ce serait provoquer une tentation trop forte pour la fragilité humaine sujette à l'ambition de faire des lois celui de les exécuter, c'est pourquoi on en vient à séparer le pouvoir législatif et le pourvoir exécutif* ».
Sa théorie sera enrichie par MONTESQUIEU dans son livre intitulé « *L'esprit des lois* » publié en 1748. En effet, selon ces propres mots, « *c'est une expérience éternelle que tout homme qui a du pouvoir est tenté d'en abuser, il va jusqu'à trouver des limites (...) pour que l'on ne puisse pas abuser du pouvoir, il faut que par la disposition des choses, ''le pouvoir arrête le pouvoir''* ». MONTESQUIEU développe une théorie de la liberté politique garantie par une certaine distribution des pouvoirs, il écrit dans le livre XI, chapitre 6 intitulé de la constitution d'Angleterre.

Sénégal, ce pouvoir est organisé par la Constitution du 22 janvier 2001[80] ; il est dévolu au Conseil constitutionnel, à la Cour suprême, à la Cour des comptes et aux Cours et Tribunaux.

Démarche. – Le pouvoir judiciaire sénégalais[81] est indépendant du pouvoir législatif et du pouvoir exécutif ; il a reçu la mission de protéger les libertés individuelles et les droits fondamentaux des citoyens[82] et est géré par le conseil supérieur de la magistrature. Il convient dès lors de s'interroger sur la question de l'indépendance du pouvoir judiciaire au regard du pouvoir législatif et du pouvoir exécutif (**Section 1**). Puis, il sera nécessaire de définir comment ce pouvoir se concrétise afin qu'il garde toute sa force et son autorité (**Section 2**).

SECTION 1
L'INDÉPENDANCE DU POUVOIR JUDICIAIRE

> « *Il n'y a point encore de liberté (...) si la puissance de juger n'est point séparée de la puissance législative et de l'exécutive* », ***Montesquieu***, *L'Esprit des lois (1748).*

Valeur constitutionnelle. – L'indépendance du pouvoir judiciaire[83] est proclamée dans le Préambule de la

[80] La Loi n° 2001-03 du 22 janvier 2001 portant constitution du Sénégal, *JORS*, numéro spécial 5963 du 22 janvier 2001 modifiée, p. 27 : Titre VIII – art. 88 à 94.

[81] Depuis la Constitution de 1958, il n'y a plus, en France, de véritable pouvoir judiciaire, mais une autorité en charge du pouvoir de juger.

[82] La Loi fondamentale fait du citoyen le centre de l'ordre juridique sénégalais, qui ne se trouve pas isolé, mis sur un piédestal, mais s'inscrit dans une construction globale censée le protéger des abus du pouvoir étatique et de l'intrusion de la puissance publique dans sa sphère privée.

[83] L'indépendance est essentielle mais elle ne garantit pas l'impartialité.

• *L'indépendance* signifie l'absence de soumission à l'autorité, au contrôle ou à l'influence d'une autre personne ou organe. Elle relève du statut.

Constitution[84] et à l'article 88 de la Constitution. Ce texte affirme avec netteté que le pouvoir judiciaire est indépendant du pouvoir législatif (**Paragraphe 1**) et du pouvoir exécutif (**Paragraphe 2**).

PARAGRAPHE 1 : L'indépendance du pouvoir judiciaire vis-à-vis du pouvoir législatif

Contours. – La séparation des pouvoirs qui cristallise l'indépendance du pouvoir judiciaire interdit[85], d'une part, le juge de s'immiscer dans la fonction législative (**I**) et, d'autre part, en sens inverse, le législateur d'intervenir dans la fonction de juger (**II**).

I. La non-immixtion du judiciaire dans les fonctions législatives

Soumission à la loi. – Le pouvoir judiciaire ne peut s'immiscer dans l'élaboration et l'exécution des lois. En d'autres termes, les juges ne peuvent légiférer c'est-à-dire élaborer et édicter des règles générales, abstraites et impersonnelles qui président aux rapports entre les personnes (physiques et morales), d'une part, entre les pouvoirs publics et les citoyens, d'autre part. Il leur est

---

•*L'impartialité* consiste à juger et raisonner de manière objective et juste c'est-à-dire en faisant attention à ne pas laisser son intérêt personnel, ses préjugés (idées préconçues), ses valeurs culturelles ou ses croyances religieuses influencer son jugement. Elle est un état d'esprit.

[84] Par la proclamation de la séparation et de l'équilibre des pouvoirs ; le respect et la consolidation d'un État de droit dans lequel l'État et les citoyens sont soumis aux mêmes normes juridiques sous le contrôle d'une justice indépendante et impartiale.

[85] UMS (Dir), *L'indépendance de la justice au Sénégal, Actes de colloque national*, 2018, 483 p ; B. NGOM, *Comment renforcer l'indépendance de la magistrature au Sénégal ?*, L'Harmattan-Dakar, 2014, 121 p; M. TAMBEDOU, *De l'indépendance du pouvoir judiciaire au Sénégal*, Dakar, Éditions RADDHO, 2007, 68 p.

interdit alors de s'immiscer dans l'exercice du pouvoir législatif.

Ainsi, quelle que soit la nature du texte (lois, décrets, ordonnances ou arrêtés), qu'il soit injuste ou contraire à la Constitution, le juge en sa qualité de gardien de la loi, doit l'appliquer et trancher le litige qui lui est soumis ; il n'entre pas dans ses attributions de l'apprécier, il doit l'appliquer[86].

Prohibition. – Il est également interdit à la Cour suprême, comme à toute autre juridiction sénégalaise, la pratique dite des « *arrêts de règlement* »[87]. Un arrêt de règlement est une décision solennelle, prise par une cour souveraine, qui est de portée générale et qui s'impose à l'avenir aux juridictions inférieures.

Ainsi, si le juge venait à établir une règle générale, il empiéterait sur le travail législatif et porterait atteinte au principe de séparation des pouvoirs. Les solutions adoptées par le juge dans des affaires antérieures et similaires ne s'imposent pas à lui ; il reste absolument libre de juger différemment à l'occasion d'un nouveau litige analogue[88].

---

[86] Nous verrons (*infra*), en revanche, que le juge joue un rôle absolument déterminant en ce qui concerne l'interprétation de la loi. Lorsqu'un texte, parce que mal rédigé, manque de clarté ou suscite plusieurs lectures possibles, le juge doit alors lui donner son sens véritable : il l'interprète et ce, conformément à un adage latin médiéval : *jus dicere, non dare* (il appartient au juge d'interpréter la loi, non de la faire).

[87] Code civil français, art. 5 : « *il est défendu aux juges de prononcer par voie de disposition générale et réglementaire sur les causes qui leur sont soumises* ».

[88] Le système sénégalais appartient à la famille « *romano-germanique* », dans laquelle la source première du droit est la loi écrite, contrairement à celle dite « *anglo-saxon* », dans laquelle la source du droit se trouve dans la décision du juge. Ainsi, le juge anglais tenu par les précédents judiciaires, doit obligatoirement reproduire la solution précédemment donnée dans un cas similaire.

II. La non-immixtion du législatif dans les fonctions judiciaires

Principe. – Le pouvoir législatif ne peut non plus s'immiscer dans le pouvoir judiciaire. À cet effet, il ne peut pas juger un procès ou modifier une décision antérieurement rendue. Il ne peut en outre interpréter une loi.

Tempéraments. – Cependant, il existe des moyens subtils qui permettent d'arriver à cette fin. Le pouvoir législatif peut voter des *lois interprétatives*, des *lois expressément rétroactives* et des *lois d'amnistie*. Il en est de même concernant le recours aux *réponses ministérielles*.

Une loi est dite « *interprétative* » lorsqu'elle se borne à clarifier,
sans rien innover, le sens ambigu ou obscur d'une loi préexistante.
Ce procédé paraît tout à fait logique dans la mesure où le législateur peut préciser sa pensée et vouloir corriger une interprétation jurisprudentielle ne correspondant pas à l'esprit du texte, et avec laquelle il est en désaccord.

Par « *lois expressément rétroactives* », il faut entendre une loi dont les effets remontent dans le passé et qui a pour conséquence de faire renaître des droits qui n'existaient pas à l'origine[89]. C'est une loi dont le législateur a décidé expressément[90] qu'elle serait rétroactive.

Concernant les « *lois d'amnistie* », elles ont pour effet de supprimer de manière rétroactive le caractère infractionnel

---

[89] Ph. MALINVAUD, « L'étrange montée du contrôle du juge sur les lois rétroactives », *in Le Code civil, un passé, un présent, un avenir*, Dalloz, 2004, p. 689.

[90] Le terme « *expressément* » renvoie au caractère particulièrement exceptionnel de ce type de loi trouvant ou justifiant sa nature dans la volonté du législateur.

des faits commis. L'amnistie, qu'elle soit événementielle[91] ou présidentielle[92], efface la peine et la condamnation et même parfois, elle empêche les poursuites. Les faits amnistiés perdent leur caractère infractionnel mais demeurent, dans leur matérialité, pour la réparation des préjudices subis par les tiers.

Relativement à la pratique des *réponses ministérielles*, notons que c'est un usage parlementaire qui consiste pour un député à poser une question écrite à un ministre déterminé pour obtenir de lui une réponse que l'on appelle une « *réponse ministérielle* », laquelle est publiée au *Journal officiel*. Très souvent, ces questions portent sur l'interprétation de certains textes et le ministre indique comment ledit texte devrait être interprété. Cette technique peut se révéler dangereuse, voire perverse, lorsque la question posée est relative à une affaire pendante devant les tribunaux. L'une des parties peut être tentée d'utiliser la réponse ministérielle comme argument de défense afin d'infléchir le juge en sa faveur. Il y aurait alors une forme d'ingérence.

PARAGRAPHE 2 : L'indépendance du pouvoir judiciaire vis-à-vis du pouvoir exécutif

Contours. - Le principe est analogue : d'une part, le juge ne peut s'ingérer dans le pouvoir exécutif (**I**) ; d'autre part, le Gouvernement et les autorités administratives qui en dépendent (préfet, maire, établissements publics, etc.) ne peuvent s'immiscer dans la fonction de juger (**II**).

[91] Elles sont liées à des événements. C'est une loi qui vient clore une période de trouble en effaçant la dimension pénale de ces troubles.

[92] Elles sont liées à l'initiative d'un président, mais il s'agit d'une loi que le parlement vote généralement après des élections présidentielles.

I. La non-ingérence du judiciaire dans les fonctions de l'exécutif

Injonctions à l'administration. – Il est interdit aux juges d'adresser des injonctions à l'administration, telles que contraindre un préfet à prendre un arrêté, reclasser un fonctionnaire, inviter un ministre à réexaminer sa décision ou prescrire la modification d'une réglementation.

Mais, il peut arriver que la Cour suprême prescrive à une personne morale de droit public l'exécution d'une mesure découlant d'un jugement ou d'un arrêt déjà rendu et non exécuté. Cette mesure peut être assortie d'un délai et d'une astreinte en cas de non-respect du délai imposé. Mais, lorsque l'administration est condamnée et qu'elle ne s'exécute pas spontanément, le juge sénégalais ne peut l'y contraindre[93]. L'on peut toutefois engager sa responsabilité civile pour refus d'exécution d'une décision de justice[94].

Actes de gouvernement. – Il est également interdit au juge de contrôler « *les actes de gouvernement* »[95]. Ces actes qui émanent du Chef de l'État ou des membres du gouvernement, sont des actes purement politiques qui ne peuvent faire l'objet d'un recours en annulation, ni d'un recours en indemnité contre les mesures illégales prises[96]. Ces actes, en nombre limité, concernent la décision du Président de la République de recourir à l'article 52 de la

---

[93] L'on peut se fonder, à tort ou à raison, sur les dispositions de l'article 30 AUPSRVE.

[94] Sur le fondement de l'article 142 COA.

[95] P. BINCZAK, « L'acte de gouvernement », *Rép. Cont. Adm.* Dalloz, avril 2006, pp. 3 et s.

[96] Pour plus d'information sur ces actes, Ch. Mb. NDIAYE, « Le contrôle de constitutionnalité des actes administratifs au Sénégal », consultable sur le lien suivant :https://ceracle.com/wp-content/uploads/2020/03/Le-contr%C3%B4le-de-constitutionnalit%C3%A9-des-actes-administratifs-au-S%C3%A9n%C3%A9gal.pdf (consulté le 20 juin 2024).

Constitution, les actes relatifs aux relations internationales et ceux relatifs à la fonction diplomatique[97].

Les actes de gouvernement ne sont pas susceptibles de recours pour excès de pouvoir, fussent-ils contraires à l'ordre constitutionnel. Il en est ainsi, par exemple, d'un décret du Président de la République convoquant l'Assemblée nationale en vue de la déclaration de la politique générale du Premier ministre. Le critère de l'acte de gouvernement est appliqué dans l'affaire Modou Diagne c/ État du Sénégal[98] par lequel la Chambre administrative de la Cour suprême juge que « *le décret par lequel le Président de la République convoque l'Assemblée nationale en vue de la Déclaration de Politique générale du Premier ministre est un acte de l'exécutif pris dans ses rapports avec le législatif ; qu'il s'agit donc, d'un acte de gouvernement qui échappe au contrôle du juge de l'excès de pouvoir* »[99].

À l'occasion du référendum de 2016, la Cour suprême a réitéré sa jurisprudence en matière d'actes de gouvernement. Par son arrêt n° 19 du 17 mars 2016, affaire

[97] La décision du Président de la République de recourir au référendum est considérée par le juge comme étant un acte de gouvernement insusceptible de recours pour excès de pouvoir (CE, 04 janvier 2001, Parti Socialiste et URD c. / État du Sénégal). Dans le même ordre d'idées, l'on peut citer l'arrêt n° 16 du 28 octobre 2008, affaire Ndèye Fatou Touré c/ État du Sénégal, à propos du décret n° 2008-419 en date du 25 avril 2008 portant convocation du Parlement en congrès et notifié le 21 juillet 2008.

[98] Le député Modou DIAGNE avait attaqué en recours pour excès de pouvoir le décret convoquant l'Assemblée nationale en vue de la déclaration de politique générale du Premier ministre Abdoul MBAYE pour la violation des articles 55 de la Constitution et 97 de la loi organique N° 78-21du 28 avril 1978 modifiée portant Règlement intérieur de l'Assemblée nationale.

[99] CS, 10 janvier 2013, Modou Diagne c/État du Sénégal, Bulletin des arrêts de la Cour suprême, N° 6-7, Année judiciaire 2013, décembre 2014, pp. 131-132.

Ousmane Sonko c/ État du Sénégal[100], la Cour suprême considère :

« L'initiative et la décision d'organiser un référendum sont des actes pris par le Président de la République dans le cadre de ses pouvoirs constitutionnels et s'analysent à ce titre en un acte de gouvernement ; Considérant qu'en outre, constituent notamment des actes de gouvernement ceux par lesquels le gouvernement participe à la fonction législative, ceux accomplis par le gouvernement à l'occasion de la préparation du référendum et les actes relatifs aux relations internationales ; … Qu'ainsi ces décrets constituent des actes de gouvernement insusceptibles de recours pour excès de pouvoir ; Considérant qu'au surplus, il n'appartient pas à la Cour suprême de se prononcer sur la constitutionnalité d'un projet de loi portant révision constitutionnelle »[101].

Possible contrôle de la légalité des actes administratifs. – Dans l'exercice de leurs missions de gardien des Droits et libertés fondamentaux[102], les juges sont amenés à contrôler la légalité des actes administratifs. Il s'agit du Recours pour Excès de Pouvoir (REP) et de l'exception d'illégalité (encore appelée contrôle par voie d'exception).

---

[100] Le Sieur SONKO poursuivait l'annulation, d'une part, du décret portant fixation de la date du référendum et convocation du corps électoral, acte qui entre dans le cadre des pouvoirs constitutionnels du Président de la République, et d'autre part le décret portant organisation dudit référendum, qui est acte préparatoire pris par le gouvernement en vue de la consultation référendaire et enfin, du décret portant publication du projet de loi portant révision de la constitution, qui est un acte pris par le pouvoir exécutif dans le cadre de ses relations avec le Parlement.

[101] A. NDIAYE, « Panorama de la jurisprudence de la chambre administrative », Cour suprême, Bulletin d'information, N° 09-10, février 2017, p. 93.

[102] Constitution, art. 91 : « *Le pouvoir judiciaire est gardien des droits et libertés définis par la Constitution et la loi* ».

Le REP poursuit l'annulation de l'acte administratif individuel créateur de droits[103]. Il vise à sanctionner l'excès de pouvoir dont un acte administratif serait entaché[104]. En effet, tout acte émis par une autorité administrative doit être conforme au principe de légalité, faute de quoi il sera entaché d'illégalité ou d'excès de pouvoir[105]. De par son caractère objectif, le REP ne peut être introduit que contre un acte administratif. C'est pourquoi, on dit que c'est « *un procès fait à un acte* » et non entre les parties. La seule question demandée au juge de l'excès de pouvoir est l'annulation de l'acte administratif illégal[106].

L'exception d'illégalité a pour finalité d'écarter l'application des décisions des autorités administratives, lorsque de cet examen de la légalité dépend la solution du litige[107]. Cela résulte d'ailleurs de l'article 13 du Décret n°

---

103 A. DIEYE, « L'excès de pouvoir et le juge au Sénégal et en France », in Revue africaine de Science politique et sociale, n° 40, janvier 2023, pp. 370-396.

104 O. KHOUMA, « Le contrôle de légalité externe des actes administratifs unilatéraux par le juge administratif sénégalais, un exemple de transposition de la jurisprudence administrative française », *in revue Afrilex*, mai 2015, p.3.

105 D. SY, *Droit administratif*, 2e édition, revue, corrigée et augmentée 2014, Sénégal, L'Harmattan-CREDILA, 2017, p. 113 : selon l'auteur, le REP renvoie à « *l'action par laquelle toute personne y ayant intérêt peut provoquer l'annulation d'une décision exécutoire par le juge compétent en raison de l'illégalité de cette décision* ».

106 En matière d'excès de pouvoir, le requérant doit en principe contester la légalité des seuls actes administratifs unilatéraux. Toutefois, on constate aujourd'hui une extension du REP en matière contractuelle. Les actes contestables en excès de pouvoir sont ceux édictés par une autorité administrative. En revanche, les actes législatifs, les actes juridictionnels, etc., ne peuvent être contrôlés par le juge de l'excès de pouvoir. L'identification de ces actes s'avère très délicate du fait que la notion d'administration est difficile à saisir même dans le domaine juridique. Cette problématique sera approfondie en Licence 2 et Licence 3.

107 B. SENE, « Le traitement de l'exception d'illégalité en droit sénégalais », *Rev. Semestrielle. UMS,* jan-juin, 2017, p. 53 ; I. DIALLO, « L'exception

2015-1145 fixant la composition et la compétence des cours d'appel, des tribunaux de grande instance et tribunaux d'instance « *les tribunaux d'instance ont, au cours des instances dont ils sont saisis, également compétence pour interpréter et apprécier la légalité des décisions des autorités administratives, lorsque de cet examen de la légalité dépend la solution du litige* »[108]/[109].

Appréciation exceptionnelle de la légalité d'un acte administratif par le juge constitutionnel. – Au Sénégal, l'appréciation de la légalité des actes administratifs relève incontestablement de la compétence du juge administratif, en l'occurrence des Chambres administratives de la Cour suprême[110]. Ce faisant, les décrets présidentiels (actes administratifs par nature), relèvent de la compétence du juge administratif[111]. Mais, par décision n° 1/C/2024 du 15 février 2024, le juge constitutionnel sénégalais s'est déclaré compétent à apprécier la légalité d'un acte administratif, en l'occurrence le décret n° 2024-106 du 03 février 2024

---

d'illégalité dans le système judiciaire sénégalais », *Annales Africaine*, n° 1, 2010, p. 167.

[108] Ce texte existait déjà avec la loi 84-19 du 2 février 1984 portant organisation judiciaire du Sénégal.

[109] Sur le fondement de ce texte, la Cour suprême considère : « *a fait une exacte application de la loi, l'arrêt de la cour d'Appel qui retient que la mesure de grâce qui est une dispense d'exécution d'une peine prononcée par les tribunaux, ne peut intervenir que dans le cas d'une décision de justice passée en force de chose jugée et qu'en accordant la grâce à un prévenu alors que la décision de condamnation, du reste frappée d'appel, est susceptible d'être réformée, l'autorité administrative s'est immiscée dans le déroulement d'une procédure judiciaire en cours, en violation du principe de la séparation des pouvoirs* » (CS, arrêt n° 18 du 07 mai 2020, affaire ministère Public c/ Amadou Woury DIALLO et Bara SYLLA, *in Bulletin des arrêts n° 21-22*, Ch. Crim., 2020, pp. 32 et s.).

[110] Loi n° 2017-09 du 17 janvier 2017, précitée, art. 1er.

[111] Le Conseil constitutionnel reconnaît, à travers cette décision (considérant 7), la compétence de principe du juge administratif en matière de recours pour excès de pouvoir : « la Cour suprême est juge de l'excès de pouvoir des autorités exécutives ».

portant abrogation du décret n° 2023-2283 du 29 novembre 2023 convoquant le corps électoral pour l'élection présidentielle du 25 février 2024 :

> « *Le Conseil constitutionnel, juge de la régularité des élections nationales, dispose d'une plénitude de juridiction en matière électorale, sur le fondement de l'article 92 de la Constitution ; que cette plénitude de juridiction lui confère compétence pour connaître de la contestation des actes administratifs participant directement à la régularité d'une élection nationale, lorsque ces actes sont propres à ce scrutin* »[112].

Sous ce prisme, l'appréciation de la légalité administrative des actes préparatoires aux scrutins nationaux déroge au principe de la compétence du juge administratif en matière de recours pour excès de pouvoir[113]. De tels actes relèvent exceptionnellement de la compétence du juge constitutionnel. Ainsi, en appréciant la légalité du décret contesté, le juge constitutionnel sénégalais s'est mué en juge de l'excès de pouvoir, ce qui suspend la plénitude de compétence du juge administratif en la matière.

---

[112] *Ibid.* (considérant 7).

[113] Le droit comme la nature a horreur du vide. Un « *délit* » d'usurpation de la part du juge constitutionnel est souvent commis pour éviter un déni de justice constitutionnelle et un dysfonctionnement institutionnel. Le sursis à statuer du juge constitutionnel peut paralyser le fonctionnement des institutions. Pour plus d'information, G. AZEBOVE TETANG, « L'excès de pouvoir » du juge constitutionnel : entre dérapage et colmatage » in *La justice dans tous ses états*, L. RIVAS ZANNOU et E. GAUMOND (Dir.), Montréal, Lex Electronica, 2021, 26-2, pp. 249-280 ; G. VEDEL, « Excès de pouvoir législatif et excès de pouvoir administratif », *Cahiers du Conseil constitutionnel*, n° 1, décembre 1996, n° 2, mai 1997.

II. La non-ingérence de l'exécutif dans les fonctions judiciaires

Sens du principe. – L'article 90, alinéa 2 de la Constitution dispose : « *Les juges ne sont soumis qu'à l'autorité de la loi dans l'exercice de leurs fonctions* ». Ce texte met les juges à l'abri des pressions ou menaces qui pourraient peser sur leur faculté de juger. Les juges doivent être en mesure de statuer sans subir aucune influence, en toute quiétude et sérénité, en leur âme et conscience ; ils doivent être indépendants par rapport au pouvoir exécutif, c'est-à-dire qu'ils doivent être à l'abri de toute pression, de toute menace, voire de toute sollicitation.

Actualité et difficultés. – Mais à vrai dire, l'essentiel n'est pas tant de poser un principe que de le faire respecter en veillant à ce que le juge soit effectivement à l'abri de sollicitations ou de menaces du pouvoir exécutif. La difficulté vient de ce que les magistrats[114] sont des fonctionnaires qui sont appelés à faire carrière. En d'autres mots, le cheminement de la carrière des magistrats est parsemé de décisions individuelles : notamment, c'est le pouvoir exécutif qui les nomme, qui pourvoit à leur avancement et qui les affecte à une fonction prestigieuse.

Indépendance des magistrats du siège ? – Sont magistrats du siège les présidents des cours et tribunaux, les présidents des chambres, les conseillers et les membres du Conseil constitutionnel. Les *magistrats du siège*[115] dont la fonction est de juger (dire le droit applicable), bénéficient néanmoins de certaines garanties : il s'agit du principe de

[114] Le magistrat est la personne qui exerce la profession de rendre la justice ou de requérir l'application d'une peine au nom de l'État.
[115] Encore appelés « *magistrats assis* » car lors des audiences, ils restent assis.

l'inamovibilité[116] et de l'institution du Conseil Supérieur de la Magistrature[117].

Le principe de l'inamovibilité[118] : il signifie que les magistrats du siège ne peuvent recevoir une affectation nouvelle, même par voie d'avancement, sans leur consentement préalable. Toutefois, la loi prévoit des exceptions à ce principe chaque fois que « *les nécessités du service l'exigent* »[119] ou à l'intérim « *si le nombre des magistrats disponibles dans la juridiction ne permet pas de combler toutes les vacances d'emploi* »[120].

Le Conseil Supérieur de la Magistrature : il est compétent pour donner son avis sur la nomination de tous les magistrats[121], à l'exception des magistrats du Conseil constitutionnel et de la Cour des comptes. Aussi, le Conseil est l'autorité disciplinaire de tous les magistrats. À ce titre, il est chargé d'apprécier les fautes reprochées aux magistrats du siège et aux magistrats du parquet. Mais, il est présidé par le Président de la République et le ministre de la Justice en est le vice-président.

Sont membres de droit : le Premier président de la Cour suprême et le Procureur général près ladite cour, les Premiers présidents des Cours d'appel et les Procureurs

---

[116] Constitution, art. 90, al. 3 et la Loi Org. n° 2017-10 du 17 janvier 2017 portant statut des magistrats, art. 6.

[117] Loi organique n° 2017-11 du 17 janvier 2017 portant organisation et fonctionnement du Conseil supérieur de la Magistrature, *JORS*, n° 6986 du 18 janvier 2017.

[118] CE du Sénégal, 2e section, arrêt n° 21/101 du 13 septembre 2001, affaires « *Les magistrats Mbacké FALL et Cheikh NDIAYE c/ État du Sénégal* ».

[119] Loi Org. n° 2017-10 du 17 janvier 2017 portant statut des magistrats, art. 6, al. 2.

[120] Loi Org. n° 2017-10 du 17 janvier 2017 portant statut des magistrats, art. 90 *in fine*.

[121] La loi ne fait aucune distinction entre magistrats du siège et magistrats du parquet. Pour les nominations des magistrats, le conseil est présidé par le président de la République ou le ministre de la Justice.

généraux près lesdites Cours. Il comprend, en outre, quatre (04) membres élus par les différents collèges de magistrat pour un mandat de trois (03) ans renouvelables une fois.

Néanmoins, il paraît important de faire remarquer que le Conseil statue hors la présence du Président de la République et du ministre de la Justice lorsqu'il examine la situation du magistrat du siège et il sera présidé par le Premier président de la Cour suprême. Lorsqu'il statue sur le cas d'un magistrat du parquet, le Conseil est présidé par le Procureur général près la Cour suprême et les décisions ne sont susceptibles de recours que devant la Cour suprême.

Dépendance hiérarchique des magistrats du Parquet. – Les *magistrats du parquet ou du ministère public*[122] dont la fonction est de requérir l'application de la loi[123], sont des « *agents du pouvoir exécutif* » près des juridictions et, à ce titre, ils sont soumis à leur supérieur hiérarchique et au garde des Sceaux. Dès lors qu'ils ne jugent pas, le principe de l'indépendance n'est pas altéré. *Sont membres du parquet :* les procureurs généraux, les avocats généraux, les substituts généraux, les procureurs de la République, les substituts et les délégués du procureur de la République près les tribunaux d'instance.

Quid de la matérialisation du pouvoir judiciaire ?

SECTION 2

LA CONCRÉTISATION DU POUVOIR JUDICIAIRE

Manifestations. – La fonction de juger se matérialise dans un acte qui porte, suivant le contentieux ou les juridictions, le nom de « *décision* » selon un terme générique ou selon des termes techniques, les appellations

[122] Encore appelés « *magistrature debout* » parce qu'ils font leurs réquisitions debout.

[123] CPP, art. 23.

d'« *ordonnance* »[124], de « *jugement* »[125], d'« *arrêt* »[126] ou de « *sentence* »[127]. Pour mieux appréhender la situation, il est plus digeste de revenir sur la particularité de ces différentes décisions juridictionnelles (**Paragraphe 1**) qui présentent certains caractères (**Paragraphe 2**).

PARAGRAPHE 1 : La particularité des décisions juridictionnelles

Attributs. – Traditionnellement, la justice est représentée par la balance (*jurisdictio*) et le glaive (*imperium*). La balance symbolise le pouvoir dont dispose le juge, de dire le droit applicable (**I**) et le glaive symbolise le pouvoir de contrainte dont dispose le juge pour faire exécuter la décision judiciaire (**II**).

I. Le pouvoir de dire le droit applicable ou la juridiction

Mission de « dire le droit ». - La *juridiction* est un pouvoir que la loi attribue au juge étatique afin de lui permettre d'appliquer la règle de droit aux faits qui lui sont soumis dans le dessein d'énoncer la solution du litige. Ici, la solution du litige s'apprécie uniquement par rapport à la décision du juge. La *Juridiction* ou le pouvoir de « *dire le droit* » caractérise alors l'acte juridictionnel. Donc, « *dire le droit* » consiste à appliquer à des éléments de fait, la règle de droit qui servira de fondement à la décision de justice.

Lorsqu'un juge a tranché le fond d'une affaire, sa fonction étant remplie et sa mission accomplie, il cesse d'être de cette affaire. En d'autres mots, le juge ne peut

[124] L'ordonnance est une décision de justice qui est généralement provisoire (elle précède la décision sur le fond), motivée par l'urgence et rendue par un seul juge.

[125] Le jugement est une décision de justice rendue par un tribunal.

[126] L'arrêt est une décision de justice rendue par une cour de justice.

[127] La sentence est la décision rendue par des personnes privées dans le cadre de la « *justice privée* ».

déjuger quand bien même aurait-il mal jugé ou souhaiterait-il modifier la décision. Cela donne une assurance de sécurité juridique. Il existe néanmoins une exception en cas d'erreur purement matérielle, le juge est autorisé à la rectifier[128].

La fonction de juger implique non seulement le pouvoir de « *dire le droit* » mais, également celui de prescrire toutes mesures nécessaires afin de faire exécuter la décision. Ce pouvoir s'appelle *l'imperium.*

II. Le pouvoir de commandement ou l'imperium

Force exécutoire des décisions. –. *L'imperium* est le pouvoir de commandement qui se manifeste par l'apposition sur chaque décision de la formule exécutoire[129]/[130]. Ce pouvoir se traduit par la force exécutoire conférée à la décision de justice ayant acquis l'autorité de la chose jugée. L'autorité de la chose jugée confère à la décision une vérité légale irréfragable (elle ne peut plus être remise en cause).

Il est très important dès qu'il permet d'assurer l'exécution de toute décision de justice grâce à l'obligation faite aux huissiers et aux officiers de police judiciaire de prêter leur concours à l'exécution de celle-ci.

Mais, il faut préciser que ce concours ne peut être effectif que lorsque la décision passe en force de chose jugée. Une

---

[128] Loi organique n° 2017-09 du 17 janvier 2017 sur la Cour suprême (*précitée*), art. 51.

[129] Souvent, la partie condamnée s'exécute spontanément. Elle fait ce à quoi elle a été condamnée. Il y a exécution volontaire. En revanche, dans bien des cas, le plaideur gagnant est mécontent de ce qu'il ne perçoit pas ce que le juge a ordonné. Il faut alors recourir à l'exécution forcée en utilisant les voies d'exécution légale (AUPSRVE, *JO OHADA*, n° 6, du 1er juin 1998, pp. 1 et s.).

[130] Cependant, le juge qui a rendu la décision peut accorder à un débiteur, en fonction de sa situation personnelle et des besoins du créancier, un délai de grâce (COCC, art. 173 ; AUSC-GIE, art. 39).

décision passe en force de chose jugée dès lors que toutes les voies de recours sont épuisées ou n'ont pas été exercées dans les délais impartis par la loi. Les voies de recours désignent les procédures par lesquelles une partie peut soumettre une décision de justice à un nouvel examen par une autre juridiction.

PARAGRAPHE 2 : Les caractères des décisions juridictionnelles

La jurisprudence. – Les décisions juridictionnelles constituent la jurisprudence[131] et sont d'une importance capitale pour comprendre le droit, connaître le droit et souvent compléter le droit. À cet égard, la jurisprudence est parfois source de droit (**I**). Mais, lorsqu'on parle de la jurisprudence en tant que source du droit[132], il faut garder à l'esprit que ne sont visées que les décisions des juridictions supérieures c'est-à-dire celles qui ont assez d'autorité pour être reprises et respectées par les tribunaux inférieurs (**II**).

I. La jurisprudence, source du droit ?

Exclusion de principe du juge. – Le principe de la séparation des pouvoirs aurait voulu que les juges ne

[131] La jurisprudence peut avoir trois (03) significations. Dans un premier temps, elle correspond à l'ensemble des décisions rendues sur une question de droit (exemple lorsque je dis : « je recherche de la jurisprudence sur le divorce au Sénégal ». Dans un deuxième sens, elle renvoie à l'ensemble des décisions concordantes (semblables) rendues sur une question (exemple : « *sur la question de la dot, il existe une jurisprudence* ». Dans un troisième sens, le plus technique et exact, la jurisprudence correspond aux décisions rendues par les juridictions supérieures (Cour suprême, Conseil constitutionnel, etc.) et qui ont suffisamment d'autorité pour être respectées par les juridictions inférieures.

[132] La jurisprudence n'est une source du droit que de façon incidente, accidentelle, non prévue initialement. Son importance aujourd'hui dans l'édification de la règle de droit est pourtant incontestable même si certains auteurs ne la citent pas parmi les sources du droit. Voir. G. CORNU, *Droit civil, Introduction, Les personnes, Les Biens*, Précis Domat, 13e éd., 2007, 377 pages.

puissent jamais participer à l'élaboration de la règle de droit. Leur rôle devait se limiter à appliquer, lors des différents litiges, les règles de droit. Cette vision ne prenait pas en compte le fait que la loi soit parfois incomplète ou inexistante.

Admission exceptionnelle ou rôle créateur du juge. – Le juge est alors tenu de suppléer cette absence ou incomplétude en créant des normes puisqu'il lui est interdit de refuser de statuer : le juge régulièrement saisi qui refuse de statuer se rend coupable de déni de justice. Selon l'article 313 du Code de procédure civile « *il y a déni de justice lorsque les juges refusent de répondre aux requêtes ou négligent de juger les affaires en état et en tour d'être jugées* »[133].

Le juge crée également le droit lorsque le législateur lui confie le soin de compléter la loi compte tenu de formules ou expressions très larges et vagues insérées dans les textes. Une multitude d'expressions sont ainsi confiées au juge avec comme mission de « *remplir de simples cadres* ». Ainsi, en est-il des notions de bonnes mœurs, de bonne foi, de bon père de famille, d'intérêt de l'enfant, de délai raisonnable ou de justes motifs. La liste est encore très longue et le travail « *législatif* » du juge tout autant.

Il s'y ajoute que la loi, bien qu'existante, peut s'avérer ambiguë, floue. Le juge est alors tenu d'une obligation d'interprétation de la loi en vue de déceler l'intention réelle du législateur[134]. Sa contribution est alors capitale quand il modernise et rajeunit les règles, tirant de textes obsolètes et surannés des solutions contemporaines.

---

[133] CPC, art. 312, al. 1-4° : « *S'il y a déni de justice, l'État est civilement responsable des condamnations en dommages-intérêts qui sont prononcées à raison de ces faits contre les magistrats, sauf son recours contre ces derniers* ».

[134] « *Interpréter une loi* » consiste pour le juge à en rechercher la signification afin d'en faire une exacte application dans une espèce déterminée.

II. La jurisprudence, règle d'autorité

Autorité reconnue. – Certaines juridictions (le Conseil constitutionnel, la Cour Suprême, la Cour des comptes ou la Cour commune de Justice et d'Arbitrage), eu égard à leur prestige et leur notoriété, jouissent d'une autorité reconnue. Aussi, lorsqu'elles définissent une règle jurisprudentielle, les juridictions inférieures se trouvent « *moralement dans l'obligation* » d'appliquer cette règle.

Autorité flexible. – Néanmoins, il s'agit d'une autorité relative dans la mesure où les juridictions inférieures (ou juridictions du fond) conservent toute leur latitude et peuvent décider d'écarter cette règle au profit d'une interprétation personnelle, sous réserve que leur décision peut encourir la cassation, si le plaideur venait à exercer le pourvoi en cassation.

Bilan d'étape – La justice, « pouvoir » ou « autorité » judiciaire ? – Les développements qui précèdent conduisent à se demander si la fonction de juger appartient à un corps qui, au sein de l'État, exerce un véritable « pouvoir », comparable au pouvoir législatif et au pouvoir judiciaire, ou si au contraire elle n'est plus qu'un aspect de la fonction publique, confiée à des « autorités » qui jouissent simplement d'un statut particulier.

Quoi qu'il en soit, c'est un fait que les juges ont la conviction profonde qu'ils exercent une fonction indépendante, exclusive de toute subordination au moment de la prise de décision ; et sur ce point, les juges sénégalais ont une très haute idée de leur indépendance. Mais, par ailleurs, dans le cadre de leur propre situation administrative, tout leur rappelle qu'ils sont des fonctionnaires de l'État et eux-mêmes en adoptent parfois les comportements. De toute manière, il faut se résigner à ne pas parler d'une « autorité judiciaire ». Alors, si la justice est un pouvoir, elle est également un service public **(*Chapitre 2*)**.

CHAPITRE 2

L'ORGANISATION ADMINISTRATIVE DE LA JUSTICE : UN SERVICE PUBLIC

Vue d'ensemble. – Un service public est une activité exercée par des organes désignés ou agréés par l'État, dans le but de satisfaire un besoin d'intérêt général : le respect de la loi. Comme tout service public, celui de la justice est géré par le ministère de la Justice sous la responsabilité du Garde des Sceaux, ministre de la Justice[135].

Le Garde des Sceaux, ministre de la Justice, est assisté par de nombreux services dont l'ensemble forme ce que l'on appelle communément « *l'administration centrale* »[136], composée à peu près exclusivement de magistrats.

[135] Le Garde des Sceaux, ministre de la Justice n'exerce aucune fonction juridictionnelle. Il n'est pas un juge ; il ne préside aucune juridiction.

[136] Décret n° 2007-554 du 30 avril 2007 portant organisation du ministère de la Justice, *JORS*, n° 6367 du 22 septembre 2007 : (*Direction des Affaires civiles et du Sceau ; la Direction des Affaires criminelles et des Grâces ; la Direction des Services judiciaires ; la Direction de l'Éducation surveillée et de la Protection sociale ; la Direction de l'Administration pénitentiaire ; la Direction des Constructions et Équipements des Palais de Justice et autres édifices*) ; Décret n° 60-176 du 26 juillet 1960, modifié (*Le Secrétariat général, chargé de l'animation des services centraux, de leur coordination, du contrôle et du suivi de leurs activités ; l'Inspection générale de l'Administration de la Justice ; le Centre de Formation judiciaire ; la Direction de l'Administration pénitentiaire ; la Direction de l'Administration générale et de l'Équipement ; la Direction des Constructions et Équipements des Palais de Justice et autres édifices ; le Service communication ; le Comité*

Démarche. – Organisée sous la forme d'un service public, la justice est une fonction que l'État exerce à titre de monopole (**Section 1**) et elle est sous-tendue par des principes essentiels (**Section 2**).

SECTION 1
LA JUSTICE, MONOPOLE DE L'ÉTAT

« Nul n'a le droit de se rendre la justice soi-même » – Par une lecture exégétique[137], cette maxime juridique peut avoir une double acception : *d'une part*, il est interdit aux particuliers de faire la justice par leur propre initiative ; *d'autre part*, rendre justice est exclusivement l'apanage de l'État. Ce principe exige quelques commentaires (**Paragraphe 1**), d'autant plus importants que, de nos jours encore, des dérogations sont conçues comme une alternative à la justice étatique[138] (**Paragraphe 2**).

PARAGRAPHE 1 : Le principe du monopole étatique

Démarche. – Il convient d'exposer les fondements du principe (**I**), pour s'appesantir, ensuite, sur les conséquences de celui-ci (**II**).

---

de Coordination et d'Évaluation et la cellule d'Exécution administrative et financière du Programme sectoriel Justice).

[137] Faire l'exégèse d'un texte consiste à préciser son sens et sa portée en cherchant quelle a été la volonté de l'auteur.

[138] La tendance contemporaine milite pour une justice privée, par ricochet plus souple et moins coûteuse. Pour reprendre Joseph PRUGNON « rendre la justice n'est que la seconde dette de la société. Empêcher le procès c'est la première. Il faut que la société dise aux parties : pour arriver au temple de la justice, passer par celui de la concorde. J'espère qu'en passant vous transigerez » (L. P. J. PRUGNON, *Discours sur la rééligibilité des membres de l'Assemblée nationale,* 1791). Dans le même ordre d'idées, Honoré de BALZAC affirmait que *« un mauvais arrangement vaut mieux qu'un bon procès »* (H. BALZAC, *Les illusions perdues,* Pléiade, t. IV, p. 1054).

I. Les fondements du principe

Consubstantialité de la justice avec le droit. – Par un habile raisonnement, le postulat de base du fondement d'une telle consécration s'apprécie à l'aune de la consubstantialité de la justice avec le droit. Pour asseoir cette idée, la pertinence impose de s'attarder succinctement sur la conception philosophique de la justice. Chez les philosophes, la justice ne doit pas être l'affaire des particuliers, présentés comme des éléments de la société, dès lors qu'elle est indissociable du droit qui est destiné à réglementer celle-ci dans son intégralité[139].

Considération de politique législative. – Toujours dans une perspective d'inventaire des éléments justificatifs de la légitimation de ce principe, il serait pertinent de s'orienter vers une idée axée sur une considération de politique législative. La consécration de la justice en tant qu'un monopole de l'État tend à éviter des difficultés décisionnelles à caractère inefficace, arbitraire ou partial entre les citoyens et le morcellement des affaires litigieuses. C'est relativement à un tel souci que les réformes post-indépendances ont érigé des juridictions uniformes pour tous les citoyens en faisant sauter la « *discrimination* » qu'il y avait entre les citoyens relevant des juridictions françaises et

[139] PLATON, *Lois I à VI*, GALLIMARD, 1997, 630 ; PLATON, *Politique*, GALLIMARD, 1993, 385 c et 277b : *« La justice résulterait d'un droit qui sert d'instrument de perfectionnement de l'homme et de la cité, de bien-être, de bien vivre-vivre, de bonheur maximal, de vertu totale, de triomphe pour le juste, du convenable, du possible. Ce droit serait composé : de normes variées, justes, perfectionnistes et nécessaires, pour une cité idéale »* ; ARISTOTE, *Politique IV*, FLAMMARION, 1999, 1342-b : *« la justice résulterait de règles axées sur la proportionnalité, l'égalité, un milieu entre les actes dommageables et la réparation de ces actes par leurs auteurs, entre le plus ou le trop d'un côté et le moins ou le trop peu de l'autre côté sur la bienveillance des législations »*.

les indigènes relevant des juridictions coutumières et du code de l'indigénat[140].

II. Conséquences du principe

Deux conséquences importantes s'attachent au monopole de l'état, dont l'une constitue le corollaire de l'autre. – Si l'État jouit d'un monopole juridictionnel, cela signifie concrètement que personne d'autre ne peut rendre des décisions ayant autorité de la chose jugée et force exécutoire. Ce monopole se concrétise par le pouvoir de dire le droit, la *jurisdictio*, et le devoir de commandement, *l'imperium*, qui sont l'apanage des Cours et des tribunaux. Seconde conséquence découlant de la première, si seules les juridictions étatiques peuvent juger, cela signifie qu'elles ont l'obligation de rendre une décision dans tous les cas où le justiciable, « *usager* » du service public de la justice, s'adresse à elles. Même si le juge ne trouve pas dans la loi une solution au litige qui lui est soumis, il lui incombe de se prononcer, sous peine de commettre un délit pénal[141]. Le juge est tenu de dire le droit, c'est une obligation légale.

Au demeurant, ce monopole étatique n'est pas absolu car il comporte une exception : « *la justice privée* ». Cette justice privée est l'essence des Modes alternatifs de Règlement des Conflits (MARC)[142] dont leur mise en

[140] C. T. LAM, *La modernisation de la justice au Sénégal vers la recherche de la performance,* L'Harmattan, 2019, p. 46.

[141] CP, art. 165 : « *Tout juge ou tribunal, tout administrateur ou autorité administrative, qui, sous quelque prétexte que ce soit, même du silence ou de l'obscurité de la loi, aura dénié de rendre la justice qu'il doit aux parties, après en avoir été requis, et qui aura persévéré dans son déni après avertissement ou injonction de ses supérieurs, pourra être poursuivi, et sera puni d'une amende de 25 000 à 150 000 francs et de l'interdiction de l'exercice des fonctions publiques depuis cinq ans jusqu'à vingt ans* ».

[142] Les divers procédés de règlement des différends ont été consacrés sous le nom générique de « Modes Alternatifs de Résolution des Conflits (MARC) », de « Règlement alternatif des Différends (RAD) », d'« Alternative Dispute Resolution (ADR) », de « Solutions de Rechange au Règlement des Conflits

œuvre évince ou concurrence en principe la *jurisdictio* du juge étatique[143]. Le terme « *MARC* » désigne, de manière générale, l'ensemble des procédés conduisant à une solution amiable des différends[144]. En d'autres mots, c'est un processus extrajudiciaire de résolution des différends conduits par une tierce partie neutre.

Les MARC ne sont pas toutefois à limiter aux seules procédures faisant intervenir une tierce personne dans la solution du conflit. Les parties peuvent aussi se concilier d'elles-mêmes. En effet, les règlements amiables des conflits reposent même avant tout sur une relation d'amitié c'est-à-dire sur un rapport de « *toi à moi* », sans médiation d'un tiers[145].

(SORREL) », de « Modes alternatifs de règlement des litiges (MARL) ». Toutes ces expressions pourraient être considérées comme équivalentes, par convention de langage. Autrement dit, la réalité est identique quels que soient les termes employés ; même si dans le cadre de ce cours, nous avons choisi d'utiliser l'expression « MARC ».

143 Cette affirmation trouve toute son effectivité à l'état actuel des choses à travers l'apparition de plusieurs autres techniques satellites, ayant le même objectif de résoudre les différends, à côté des procédures judiciaires.

144 Les MARC sont des modes amiables, par opposition aux modes juridictionnels, traditionnellement conçus comme des modes autoritaires. Partant du droit judiciaire privé, on considère que les MARC englobent des formes extrêmement variées de l'arbitrage, de la conciliation, de la médiation, de l'autorégulation des professions, voire de l'intervention d'autorités administratives ou non, comme les autorités de régulation du marché. Cependant, il existe quelques controverses portant souvent sur l'usage du qualificatif « alternatif » ; un mode alternatif devrait présenter deux possibilités. Or, dans cet usage alternatif tend à signifier une autre possibilité relative à celle des rapports de force, sans offrir deux voies possibles. Mais ce débat reste moins pertinent.

145 S. M. CABON, La négociation en matière pénale, Thèse, Université de BORDEAUX, 2014, 563 pages.

PARAGRAPHE 2 : Les dérogations au monopole étatique

Justice privée. - Le pouvoir de « *dire le droit* », peut être conféré par l'État à d'autres organismes juridictionnels : la justice arbitrale (**I**). Par ailleurs, il existe des moyens non juridictionnels permettant d'éteindre un conflit (**II**).

I. Remise en cause du monopole étatique par la justice arbitrale

Définition et particularités. – L'arbitrage est une convention par laquelle deux ou plusieurs personnes[146] décident de confier à un arbitre[147] le soin de régler leurs différends présents ou futurs. Certes, l'arbitre tranche le litige comme un juge, mais la justice arbitrale présente une particularité par rapport à la justice étatique[148]. Cette particularité tient au fait que les arbitres tirent leur pouvoir de la volonté des parties[149]. Il faut en effet une convention

[146] Acte uniforme relatif au droit de l'arbitrage, art.2 : « *Toute personne physique ou morale peut recourir à l'arbitrage sur les droits dont elle a la libre disposition. Les États, les autres collectivités publiques territoriales, les établissements publics et toute autre personne morale de droit public peuvent également être partis à un arbitrage, quelle que soit la nature juridique du contrat, sans pouvoir invoquer leur propre droit pour contester l'arbitrabilité d'un différend, leur capacité à compromettre ou la validité de la convention d'arbitrage* ».

[147] Acte uniforme relatif au droit de l'arbitrage, art. 5, al. 1er : « *La mission d'arbitre ne peut être confiée qu'à une personne physique* ».

[148] F. K. CAMARA et A. CISSE, « Arbitre et médiation dans les cultures juridiques négro-africaines : entre la prédisposition à dénouer et la mission de trancher », *Revue de l'Arbitrage*, 2009, n° 2, p. 285.

[149] Acte uniforme relatif au droit de l'arbitrage, art. 4 : « *La convention d'arbitrage est indépendante du contrat principal. Sa validité n'est pas affectée par la nullité de ce contrat et elle est appréciée d'après la commune volonté des parties, sans référence nécessaire à un droit étatique. Les parties ont toujours la faculté, d'un commun accord, de recourir à l'arbitrage, même lorsqu'une instance a déjà été engagée devant une juridiction étatique* ».

d'arbitrage[150] qui peut prendre deux formes : le compromis et la clause compromissoire[151].

♦ *Le compromis* est la convention par laquelle deux personnes qui ont un litige décident de le soumettre à un arbitre. Pour que le compromis soit valable, il faut un certain nombre de conditions. Les parties doivent avoir le droit de disposer du droit litigieux ; elles doivent avoir la capacité d'ester en justice ; l'objet du compromis doit être dans le commerce juridique.

♦ *La clause compromissoire*, quant à elle, est la clause par laquelle les parties à un contrat s'engagent à soumettre à des arbitres les litiges pouvant résulter de l'exécution de ce contrat. La clause compromissoire est valable dans les opérations contractuelles qu'elles soient civiles ou commerciales.

Rapports entre arbitre et juge étatique. **-** S'il y a une convention d'arbitrage valable, les juridictions étatiques sont incompétentes. Mais cette incompétence est relative puisque le juge saisi ne pourra se déclarer incompétent que si le défendeur soulève une exception d'incompétence *in limine litis*. Si le défendeur commence par opposer une défense au fond, il ne pourra plus soulever l'exception d'incompétence. Lorsque les arbitres sont saisis, ils doivent respecter les règles de procédure, sauf si les parties en ont décidé autrement. Ils doivent aussi trancher le litige en appliquant les règles de droit. Mais les parties peuvent les autoriser à statuer en équité ; on dit dans ce cas qu'ils ont statué en « *amiables compositeurs* ».

---

[150] Acte uniforme relatif au droit de l'arbitrage, art. 3-1, al. 4 : « *La convention d'arbitrage doit être faite par écrit ou par tout autre moyen permettant d'en administrer la preuve, notamment par la référence faite à un document la stipulant* ».
[151] Acte uniforme relatif au droit de l'arbitrage, art. 3-1, al. 1er.

La sentence arbitrale, décision rendue par les arbitres, est dotée de l'autorité de la chose jugée, mais elle n'a pas force exécutoire ; elle ne peut pas faire l'objet d'une exécution forcée, c'est ce qui constitue sa faiblesse[152].

Toutefois, la partie qui a eu gain de cause, peut obtenir du président du Tribunal de Grande Instance l'ordonnance d'exéquatur qui permet de procéder à l'exécution forcée[153].

II. Remise en cause du monopole étatique par d'autres modes[154]

La transaction. – Elle est « *le contrat par lequel les parties mettent fin à une contestation par les concessions mutuelles* »[155]. En termes autres, c'est un contrat conclu par les parties à un litige né ou à naître pour y mettre fin ou le prévenir par des concessions réciproques. La transaction entraîne nécessairement l'abandon d'une action tout en l'éteignant[156].

On ne peut transiger sur des droits dont on n'a pas la libre disposition ni sur ceux qui concernent l'ordre public sous réserve des hypothèses expressément prévues par la loi[157]. Par exemple, la transaction est très répandue en matière pénale[158].

La conciliation. – Elle est définie comme « *un mode de règlement des litiges par lequel les parties font appel à un*

---

[152] Sur la sentence arbitrale, Acte uniforme relatif au droit de l'arbitrage, art. 19 à 24.

[153] Sur la reconnaissance et l'exécution des sentences arbitrales, Acte uniforme relatif au droit de l'arbitrage, art. 30 à 34.

[154] Dans le cadre de ce cours, trois (03) modes non juridictionnels retiendront notre attention. Il s'agit de la transaction, de la conciliation et de la médiation.

[155] COOC, art. 756.

[156] Décret n° 2001-1151 du 31 décembre 2001 *JORS*, n° 6052 du 22 juin 2002, art 1-2 al. 2.

[157] B. LE PAGE SEZNEC, *Les transactions en matière pénale*, Université Paris X, 1995, 352 pages.

[158] Code des douanes, art. 330.

tiers pour rapprocher leur point de vue afin d'éteindre le litige » ; c'est un accord de deux parties visant à mettre fin à l'instance judiciaire ou à éteindre un conflit. La mission de conciliation peut alors être confiée aux tribunaux soit facultativement[159] soit obligatoirement[160]. Elle peut être aussi confiée à un tiers qui, le cas échéant, fera des propositions de solutions aux parties. Cette dernière forme de conciliation, sauf dans certaines matières, rentre dans la nouvelle définition de la médiation en droit OHADA.

La médiation. – Elle est définie comme « *tout processus, quelle que soit son appellation, dans lequel les parties demandent à un tiers de les aider à parvenir à un règlement amiable d'un litige, d'un rapport conflictuel […] impliquant des personnes physiques ou morales, y compris des entités publiques ou des États* »[161]. La médiation est une méthode amiable en vertu de laquelle un tiers neutre, appelé médiateur facilite la communication entre les différentes parties dans le dessein de l'obtention d'une décision mutuellement satisfaisante à leur conflit[162]. Elle octroie au médiateur le pouvoir de réunir les parties, de confronter leurs points de vue et de proposer une solution par voie amiable.

Du reste, l'avantage de ces dérogations consiste à détourner les parties des prétoires et contribue ainsi à

159 CPC, art. 7, 30 et 31.

160 Code de la famille, art. 169 ; AUPSRVE, art. 12 et 179 ; Code du Travail, art. L 240 al. 1er.

161 Acte uniforme relatif à la médiation, art. 1-a. D'ailleurs, la doctrine africaine observe que cette définition ne fait pas de distinction entre médiation et conciliation dans le champ d'application de l'AUM (T. DIATTA, « Les accords de procédure en droit privé sénégalais », *Annales africaines*, n° spécial janvier 2020, p. 61.

162 En matière pénale, la médiation est une alternative soit aux poursuites pénale (CPP, art. art. 32, al. 3) soit à l'exécution d'une peine. F. GROU-RADENEZ, *La médiation pénale. Une source d'humanisation de la justice*, Buenos Books International, Collection *humanitas*, 2010, 132 pages.

désengorger le service public de la justice. L'importance accordée à la justice comme élément de souveraineté de l'État ne nous fera pas oublier que le service public de la justice est sous-tendu par des principes essentiels.

SECTION 2

LES PRINCIPES ESSENTIELS DU SERVICE PUBLIC DE LA JUSTICE

Classification. – L'organisation et le fonctionnement du service public de la justice sont commandés par un certain nombre de principes qui, sans être tous inhérents à la notion de service public, prennent en cette matière une importance particulière en raison de la mission propre de ce service qui a en charge la fonction de juger. On étudiera successivement, sans prétendre être exhaustif[163], les principes d'organisation (**Paragraphe 1**) et de fonctionnement du service public de la justice (**Paragraphe 2**).

PARAGRAPHE 1 : Les grands principes d'organisation du service public de la justice

Approche. – Ici, quatre grands principes retiendront notre attention : le principe d'unité d'ordre juridictionnel (**I**), le principe de hiérarchie (**II**), le principe de collégialité (**III**) et le principe de décentralisation (**IV**).

---

[163] Par exemple, nous n'avons pas épilogué sur *la motivation des décisions de justice* (alors que c'est à travers les motifs que le juge explique sa décision et dit pourquoi il s'est prononcé comme ainsi, car le défaut, l'insuffisance ou contrariété de motifs sont des causes de cassation) ou sur le *caractère national de l'organisation* judiciaire (c'est-à-dire seules les juridictions sénégalaises ont compétence sur le territoire national sur toutes les affaires portées à leurs connaissances et quel que soit la qualité du justiciable). Par ailleurs, le principe de non-spécialisation est brièvement abordé dans l'introduction : voir « *Que désigne exactement l'expression « institutions judiciaires » ?* ».

I. Le principe d'unité d'ordre juridictionnel

Définition du principe d'unité d'ordre juridictionnel. – On appelle « *ordre juridictionnel* » l'organisation hiérarchique des juridictions couvrant l'intégralité d'un territoire. Au Sénégal, comme nous l'avons fait remarquer dans l'introduction, il existe un seul ordre de juridictions qui regroupe l'ensemble des Cours et tribunaux.

Raisons de l'option du principe d'unité. – Plusieurs raisons ont été avancées pour expliquer l'option du législateur sénégalais.

La première est d'ordre économique : l'unification des juridictions permet de rendre moins coûteux le fonctionnement de l'appareil judiciaire.

La deuxième raison est de nature technique : il s'agit à travers l'unification de confier la tâche de juger à des magistrats compétents ; l'unification permet aussi d'éviter les conflits de compétence, elle s'impose également en raison de la faiblesse du volume du contentieux administratif.

La troisième raison est calquée sur des considérations politiques : en effet, l'unification permet d'orienter le pays dans le sens de la modernisation de l'État par le Droit. En adoptant cette solution, le législateur sénégalais marque avec acuité une méfiance à l'égard de l'ordre juridique coutumier.

Limites de l'option du principe d'unité. – L'unification des juridictions n'est toutefois pas absolue. En effet, seule la chambre administrative de la Cour suprême est compétente pour connaître du recours pour excès de pouvoir c'est-à-dire l'action tendant à obtenir du juge l'annulation d'un acte administratif.

De même, il existe au Sénégal des « *tribunaux musulmans* » qui sont intégrés au sein des tribunaux d'instance. Leurs compétences sont limitées en matière relevant du Code de la famille. Même si leur saisine dépend du juge du tribunal d'instance, ce dernier est obligé, en revanche, de les consulter lorsque le litige est relatif aux successions musulmanes[164].

Aussi, la mise en place dans le domaine de la justice commerciale, des tribunaux de commerce et des chambres commerciales d'Appel constitue un pas important vers une spécialisation de magistrats dans le domaine économique et financier[165], contribuant ainsi à une meilleure distribution de la justice dans cette matière.

II. Le principe de hiérarchie

Manifestation du principe de hiérarchie. – Le système judiciaire sénégalais est établi selon une structure très hiérarchisée. Au bas de la pyramide, on trouve les juridictions du 1er degré, qui statuent sur les affaires pour la première fois en première instance[166] ; puis les juridictions du 2^{d} degré[167] dont leur rôle consiste à rejuger les affaires en fait et en droit ; et enfin les juridictions supérieures[168] qui ont pour mission d'uniformiser la jurisprudence, de réguler les différentes interprétations de la loi et de sanctionner la méconnaissance d'une règle de droit par les juges du fond.

Intérêts du principe de hiérarchie. – Tout plaideur qui n'est pas satisfait du jugement rendu en première instance, a le droit de saisir la juridiction hiérarchiquement

---

[164] Les juges en droit musulman sont appelés les « *cadis* ».

[165] Nous refusons de prêter au Pool judiciaire et financier (PJF), spécialisé dans la répression des crimes et délits économiques ou financiers, l'idée de juridiction.

[166] Comme le tribunal d'instance, le tribunal de grande instance, le tribunal du travail et le tribunal du commerce.

[167] Que sont les Cours d'appel et les Chambres commerciales d'appel.

[168] À savoir la Cour suprême et la Cour Commune de Justice et d'arbitrage.

supérieure et compétente afin que l'affaire soit rejugée[169]. Ce droit fondamental se nomme : « *double degré de juridiction* ».

Le double degré de juridiction correspond à l'idée selon laquelle pour garantir une bonne justice, il faut non seulement conférer aux justiciables la possibilité de bénéficier d'un second examen de leur affaire par un autre juge qui, sur le plan technique, semble être plus compétent (*c'est le droit de faire appel devant une autre juridiction*), mais aussi assurer une uniformisation de la jurisprudence, une régulation des solutions éventuellement divergentes données à la même question par les tribunaux répartis sur tout le territoire (*c'est le pourvoi en cassation*)[170]/[171].

À ce stade, il n'est pas inutile de rappeler que la Cour suprême n'est pas un troisième degré de juridiction[172]. Certes avant de la saisir, le justiciable doit avoir épuisé les voies de recours mises à sa disposition. Cela signifie que seules les décisions rendues en dernier ressort sont susceptibles d'être portées à leur attention. La Cour suprême ne procède pas à un troisième examen de l'affaire ; elle est juge de droit et non de fait[173]; son rôle est de vérifier

---

[169] Il importe de noter qu'un tribunal ne peut pas réexaminer une affaire qu'il a déjà jugée : c'est la règle de « *l'autorité de la chose jugée* ».

[170] Il existe d'autres voies de recours que l'appel ou le pourvoi en cassation qui ne manifestent pas nécessairement l'idée de hiérarchie.

[171] L'une des caractéristiques de l'organisation d'un contentieux est de prévoir, contre les décisions du juge unique ou d'un collège de juges, des recours. Ces derniers sont susceptibles de poursuivre des objectifs divers en fonction d'une certaine politique processuelle (soit de discuter de la régularité de la procédure ; soit de remettre en cause la qualité de décision rendue ; soit de critiquer à la fois la procédure et la décision au fond).

[172] C'est aussi valable pour la Cour Commune de Justice et d'arbitrage. Nous y reviendrons.

[173] Toutefois, il peut arriver que la Cour suprême examine les circonstances de l'affaire (Loi organique n° 2017-09 du 17 janvier 2017 sur la Cour suprême, art. 53 et s). Dans le même ordre d'idées, l'on peut citer pour la CCJA l'article 14 du Traité de l'OHADA.

si la décision attaquée est conforme ou non à la règle de droit. Ainsi, pour l'exercice de sa mission, elle a deux possibilités : rejeter le pourvoi s'il est mal fondé ou casser la décision attaquée lorsque celle-ci ne respecte pas la règle de droit.

La règle du « *double degré de juridiction* » joue aussi vis-à-vis du juge du premier degré. En effet, celui-ci apportera d'autant plus de soin à sa décision dès l'instant qu'il sait qu'elle pourra être déférée à la juridiction du degré supérieur[174].

Domaine du principe de hiérarchie. – En principe, l'appel est possible en toute matière. En termes autres, les justiciables ont toujours la faculté de porter leurs affaires devant une juridiction supérieure. Cette juridiction est appelée juridiction du second degré[175] ou juridiction d'appel. Cette règle connaît cependant des exceptions.

Par exemple, en matière civile et commerciale, l'appel n'est pas possible si la valeur en argent du litige est inférieure ou égale à trois cent mille (300 000) francs CFA. De même, en matière pénale, les arrêts de la Haute Cour de Justice ne sont pas frappés d'appel. Enfin, l'on peut faire observer que le recours pour excès de pouvoir est porté directement devant la Chambre administrative de la Cour suprême. Ce recours n'est jugé ni au premier degré ni en appel[176].

---

[174] Ce système offre aussi aux justiciables qui estiment que la décision rendue méconnaît une règle de droit (de procédure ou de fond), la possibilité de saisir une juridiction suprême pour obtenir un contrôle de la légalité.

[175] Encore une fois de plus, la Cour suprême et la CCJA ne sont pas un troisième degré de juridiction.

[176] Il en *était* ainsi avec les décisions de la Cour de Répression de l'Enrichissement illicite (CREI).

III. Le principe de collégialité

Signification du principe de collégialité. – La collégialité désigne le fait qu'une affaire soit jugée par plusieurs juges, siégeant et délibérant ensemble[177]. Elle ne constitue ni un droit pour le justiciable, ni un principe fondamental du procès ; il s'agit plutôt d'un mode d'organisation traditionnel de nos juridictions. Par principe, certaines juridictions ne peuvent rester que collégiales. Ainsi quelle que soit leur formation, les chambres criminelles chargées de juger les infractions qualifiées par la loi de crimes, ne siègent jamais à *juge unique*. Il en est ainsi pratiquement pour la quasi-totalité des juridictions[178].

Formes de collégialité. – La collégialité peut revêtir plusieurs formes[179]. Elle est dite *homogène* lorsque la juridiction est entièrement composée soit de juges professionnels, soit de juges non professionnels. Au Sénégal, presque toutes les juridictions de droit commun sont composées de juges de carrière ou juges professionnels. Elle est dite *échevinale* lorsque la juridiction comprend à la fois des juges professionnels et des juges non professionnels[180]. Les juridictions spécialisées n'ont toujours pas une composition homogène.

---

[177] Les juges y siègent en nombre impair, généralement à trois (03).

[178] Statuent en formation collégiale et en nombre impair, la Cour suprême, les Cours d'appel, les tribunaux de grande instance, les tribunaux d'instance (Loi 2014-26 du 3 novembre 2014, précitée, art. 9) et les tribunaux de commerce (Loi n° 2017-24 du 28 juin 2017, précitée, art 14).

[179] Il faut distinguer la véritable collégialité de la collégialité dite « cachée », qui permet à un « magistrat chargé du rapport, si les avocats ne s'y opposent pas, de tenir seul l'audience pour entendre les plaidoiries et d'en rendre compte au tribunal dans son délibéré ».

[180] C'est la formule que retenait le Sénégal, avant la réforme intervenue le 23 septembre 2008, sur les Cours d'Assises.

L'on peut citer à titre illustratif, la Haute Cour de justice, le tribunal du travail et le tribunal de commerce.

Arguments en faveur du principe de collégialité. – Plusieurs raisons militent en faveur de la collégialité, en ce sens qu'elle présente plusieurs garanties, tant pour les justiciables que pour les magistrats.

À l'égard des justiciables, la collégialité leur assure une décision mesurée, peu susceptible d'avoir été influencée par la partialité d'un juge, et dotée d'une plus grande autorité.

À l'égard des juges, les partisans de la collégialité considèrent que c'est de l'échange d'idées que naîtra au cours de l'audience ou du délibéré la vérité judiciaire. La collégialité permet alors de corriger certains préjugés individuels et d'assurer le contrôle de chaque juge par les autres membres de la juridiction siégeant à ses côtés. Ainsi, la décision, une fois rendue, sera l'œuvre de la juridiction en son entier. L'interdiction de violer la règle du secret du délibéré permettra de conférer au jugement un caractère majestueux et une force que ne peut avoir la décision rendue par un juge unique.

Arguments en défaveur de la collégialité. – Si la tradition exige la collégialité, force est de constater que de nos jours, la tendance est à l'extension du juge unique[181]. En d'autres termes, il est permis de s'interroger sur la force actuelle du principe de collégialité notamment avec la possibilité de faire juger certaines affaires par des juges uniques. Le *principe du juge unique* signifie que la décision de justice, appelée ordonnance, est rendue par un seul juge.

Le législateur sénégalais a recours souvent au juge unique, la formation collégiale devenant l'exception. Ceci

---

[181] Art 9 Loi 2014-26 : « *Toutefois, lorsque l'effectif qui leur est affecté est inférieur à trois magistrats, non compris les juges d'instruction, le tribunal de grande instance et le tribunal d'instance statuent à juge unique, sauf en matière criminelle* ».

se vérifie aussi bien dans le contentieux pénal que civil. En procédure pénale, par exemple, l'instruction est confiée à un juge unique. Ainsi, la fonction d'instruction sera confiée à un juge unique « *qui procède à tous les actes d'information qu'il estime utiles à la manifestation de la vérité* »[182]. En matière civile, dans tous les cas d'urgence ou lorsqu'il s'agit de statuer provisoirement sur les difficultés relatives à l'exécution d'un titre exécutoire ou d'un jugement, il est procédé par voie de référé. Le juge, à cet effet, rend, de manière très rapide, et seul, une ordonnance[183].

Plusieurs raisons militent aussi en faveur du principe du juge unique. En effet, en vertu de ce principe, le juge unique sera d'autant plus attentif tant au sens qu'à la portée de son jugement parce qu'il sait qu'il portera seul la responsabilité des conséquences de sa décision. Ce principe peut constituer encore un moyen efficace de remédier à l'inflation judiciaire et à son corollaire inéluctable : la lenteur de la justice. De surcroît, l'institution du juge unique permet d'assurer une meilleure sélection des candidats à la fonction de juger ; le recrutement devient plus restrictif et permet de proposer aux futurs juges une formation plus rigoureuse.

---

[182] Aussi, le tribunal de police qui juge les contraventions, statue régulièrement selon le système à juge unique.

[183] Le Code de procédure civile définit l'ordonnance de référé comme étant « *une décision provisoire rendue à la demande d'une partie, l'autre présente ou appelée, dans les cas où la loi confère à un juge qui n'est pas saisi du principal, le pouvoir d'ordonner immédiatement les mesures nécessaires* ». La décision rendue est donc provisoire en ce qu'elle ne préjuge pas de la solution qui sera donnée par le tribunal ultérieurement saisi du fond du litige. Elle n'a au principal aucune autorité de la chose jugée. Le juge des référés doit s'assurer que le défendeur a disposé d'un temps suffisant entre la date à laquelle il a été assigné et celle de l'audience, pour organiser sa défense.

IV. Le principe de décentralisation

Affirmation du principe de décentralisation. – À l'exception du Conseil constitutionnel, de la Cour des comptes et de la Cour suprême qui siègent à Dakar, les autres juridictions sont réparties sur tout le territoire sénégalais[184].

La présence de ces juridictions en divers endroits du territoire sénégalais[185], rend la justice non seulement omniprésente mais aussi dispense les plaideurs des frais de transport qui pourraient être importants[186].

Ainsi, chaque juridiction à une circonscription géographique définie qui constitue son *ressort*[187] *territorial*. L'existence des différents ressorts territoriaux oblige à régler les problèmes de compétence territoriale des juridictions. Le principe est celui de la compétence du tribunal du lieu du domicile du défendeur. Toutefois, il

---

[184] Faisons remarquer que les Tribunaux de Commerce n'existent encore qu'à Dakar. Également, nous refusons de prêter au PJF spécialisé dans la répression des crimes et délits économiques ou financiers, l'idée de juridiction.

[185] L'on peut faire remarquer qu'avec les réformes intervenues en 2014 conduisant à la création des juridictions d'instance, le législateur sénégalais a voulu instituer de véritables juridictions de proximité. Toutefois, « *le Sénégal n'a pas tiré toutes les conséquences de sa politique de décentralisation et de son intention de toujours et davantage rapprocher la justice du justiciable. C'est pourquoi, depuis l'indépendance, le contentieux de la légalité est resté l'apanage des hautes cours, alors que dans les pays en développement, tout le monde sait que l'État et ses démembrements sont les principaux responsables des atteintes aux droits des citoyens* » (C. T. LAM, *op. cit.*, pp. 271 et s.).

[186] C'est pourquoi, l'on peut affirmer sans risque de se tromper que la réussite de l'objectif de modernisation de la justice dépend de l'existence de moyens humains, matériels et financiers suffisants.

[187] Le mot « ressort » désigne d'une part, l'étendue de la compétence géographique d'une juridiction, et d'autre part les valeurs à l'intérieur desquelles, elle peut statuer et, à l'intérieur de ces valeurs, les sommes au-delà desquelles les jugements qu'elle prononce sont susceptibles d'appel.

existe une multitude d'exceptions destinées à protéger les intérêts de l'un des justiciables[188].

Tempérament du principe de décentralisation. – Il arrive que la justice soit rendue dans un endroit unique. L'on parle ainsi du principe de centralisation. C'est ce principe qui est utilisé d'une part, par le législateur national pour le Conseil constitutionnel, la Cour suprême et la Cour des comptes et d'autre part, par le législateur OHADA pour la Cour Commune de Justice et d'Arbitrage. La centralisation de la justice n'est pas dénuée d'intérêts. Il permet non seulement de pourvoir facilement les juridictions en moyens humains et financiers mais aussi de résoudre les problèmes de compétence territoriale puisque le plaideur sait devant quelle juridiction il doit porter son affaire.

Mise en œuvre de la décentralisation ou de la centralisation. – Pour l'application de la décentralisation ou de la centralisation, deux (02) choix sont possibles : la *sédentarisation* ou *l'itinérance*.

♠ La *sédentarisation* signifie que les juridictions siègent en un endroit unique ; c'est au plaideur de se déplacer vers le juge, lequel se trouve en lieu fixe (au siège de la juridiction) pour rendre la justice. Au Sénégal, en principe, les juridictions sont sédentaires. La sédentarisation connaît cependant une exception[189] : il s'agit de *l'itinérance*.

♠ Il y a *itinérance* lorsque les juges sont ambulants et vont tenir des audiences en divers endroits du pays[190]. Par

[188] Pour plus d'informations, CPC, art. 34 ; CF, art. 202.
[189] CPC, art. 20 : « *Les juges peuvent, si les besoins du service l'exigent, tenir des audiences en dehors du lieu où ils siègent habituellement* ».
[190] Avant la création des chambres criminelles, les juges étaient ambulants et tenaient des Assises en divers endroits du pays.

exemple, les Tribunaux d'instance peuvent statuer en audience foraine[191].

PARAGRAPHE 2 : Les grands principes de fonctionnement du service public de la justice

Approche. – Là aussi, quatre grands principes retiendront notre attention : l'égalité devant la justice (**I**), la gratuité de la justice (**II**), la neutralité du juge (**III**) et la continuité de la justice (**IV**).

I. L'égalité devant la justice

« Droit au juge naturel ». – Les justiciables se trouvant dans la même situation doivent être jugés par les mêmes tribunaux, selon les mêmes règles de procédure et de fond[192]. Concrètement, l'égalité[193] devant la justice se traduit par la consécration d'un droit au juge naturel[194] : tous les individus, quelle que soit leur condition sociale, leur confession religieuse, leur sexe, leur origine régionale ou ethnique, leur nationalité sont justiciables des mêmes juridictions, soumis aux mêmes procédures et aux mêmes règles de droit[195].

---

[191] Décret n° 2015-1145 du 03 août 2015, précité, art. 36.

[192] Selon la Cour européenne des Droits de l'Homme, ce principe implique aussi que chaque partie ait « *la possibilité de défendre sa cause dans des conditions qui ne la place pas dans une situation de net désavantage par rapport à son adversaire* » (CEDH, Neumeister c/ Autriche, 27 juin 1968). L'équilibre des parties doit être assuré dans le procès.

[193] Constitution du Sénégal, art. 7, al. 4 : « *Tous les êtres humains sont égaux devant la loi. Les hommes et les femmes sont égaux en droit* ».

[194] Pour une consécration au plan international du *« droit au juge naturel »*, voir DDHC du 26 août 1789, art. 6 ; Pacte international de New York du 19 décembre 1966, art. 14 – Paragraphe 1.

[195] L'égalité de fait, ce serait une condition effectivement égale pour tous les hommes. C'est en cela qu'elle se distingue de l'égalité de droit : que dans les faits, les hommes ne soient pas égaux, cela ne signifie pas qu'en droit, ils ne devraient pas l'être. Ainsi, la Déclaration des droits de l'homme ne dit pas que tous les hommes naissent égaux, mais qu'ils naissent et demeurent égaux

Conséquences de l'égalité. – Ceci entraîne une série de conséquences[196] : nul ne peut être jugé par une juridiction spécialement créée pour des circonstances extraordinaires, ou être victime de discriminations judiciaires fondées sur la qualité de la personne. Aussi, tous les justiciables doivent être soumis aux mêmes formes et aux mêmes procédures, afin que soient garanties l'égalité des chances et l'égalité des armes. Enfin, les justiciables doivent être soumis par les juges aux mêmes règles de droit, ce qui justifie la création de la Cour suprême ou de la CCJA chargée d'assurer l'unité du droit sur tout le territoire.

Limites de l'égalité. – L'égalité devant la justice connaît néanmoins quelques exceptions qui méritent d'être relevées. D'abord, certaines personnes ressortissent de juridictions spéciales du fait de leurs fonctions[197], de leur statut[198] ou de leur âge[199]. Ensuite, certains litiges sont du ressort de juridictions spéciales du fait de la nature du litige[200] ou de formations spécialisées du fait de la nature de l'infraction[201]. Enfin, les étrangers sont tenus, sous réserve des conventions et accords internationaux, de verser une caution pour garantir le paiement des frais de procès et des

---

en droit, même s'ils sont inégaux dans les faits. L'égalité de droit ne vise donc pas à réduire les inégalités de fait : il s'agit de dire qu'au-delà des inégalités entre les hommes, qu'elles soient naturelles ou sociales, tous peuvent prétendre en droit à être égaux, c'est-à-dire à une égale dignité. L'égalité en droit se traduit donc par l'égalité des droits : une loi juste ne fait ni exception, ni acception de personne (elle s'applique à tous d'égale façon).

[196] J.-M. COULON et T. GRUMBACH, « L'égalité devant la justice », *Justice* 1999, p. 83.

[197] C'est le cas du privilège accordé au Président de la République pour qui les actes de sa fonction ne peuvent relever que de la Haute Cour de justice.

[198] Par exemple, la justice militaire.

[199] Par exemple, le tribunal pour enfants.

[200] Par exemple, le tribunal du travail.

[201] Par exemple, la répression de l'enrichissement illicite relève de la compétence du Pool judiciaire financier institué au Tribunal de grande Instance hors classe (TGIHC) et à la Cour d'appel de Dakar.

dommages-intérêts auxquels ils pourraient être condamnés[202]. Cette caution est appelée le *judicatum solvi*[203].

II. La gratuité de la justice

Sens de la gratuité. – Le principe de la gratuité signifie que la justice est rendue sans contrepartie. Les magistrats ne sont pas rémunérés par les parties. Ce sont des fonctionnaires avec cette conséquence que leur rémunération découle du budget de l'État. Donc, les justiciables n'ont à payer ni les magistrats ni les collaborateurs du juge (greffiers et officiers de police judiciaire) ; ils sont rémunérés par l'État c'est-à-dire par tous les contribuables.

Aménagements de la gratuité. – Même si les services de ces agents sont gratuits, les justiciables restent tenus de supporter les « *frais de justice* » : droits de timbre et droits d'enregistrement[204]. L'État les oblige à contribuer à ces frais en leur faisant acquitter diverses taxes sur chaque acte de justice. Dès lors un droit de timbre s'applique sur chaque requête présentée devant les tribunaux. Il y a ensuite les dépens qui constituent les frais propres à chaque procédure communément appelés les « *dépens de l'instance* »[205]. Citons notamment le coût d'une assignation, la signification de conclusions ou de jugements, d'abord entre avocats puis aux parties. Le coût de ces dépens est avancé par celui qui effectue la diligence. Au surplus, les honoraires des

---

[202] CPC, art. 110.

[203] Pour certains, cette exception pourrait aussi justifier l'aménagement du principe de la gratuité de la justice.

[204] Voir arrêté interministériel n° 008766/MJ/ACS du 14 - 9-1993 fixant le barème des provisions et le Code de procédure civile, édition EDJA, pp. 12-13.

[205] Les dépens inhérents à l'instance sont supportés par celui qui perd le procès.

avocats, des notaires et des huissiers sont également à la charge des parties[206].

Mécanisme assurant la gratuité. – La loi impose au plaideur de supporter les frais de justice, ce qui peut constituer un sérieux obstacle à l'accès à la justice pour les plus démunis. C'est à cet effet que la loi a institué en faveur de ceux-ci un mécanisme d'aide[207]/[208]. En dépit de son

[206] Relativement aux honoraires de l'avocat, ils ne sont pas tarifés et font l'objet d'une libre négociation entre l'avocat et son client. À défaut de convention, l'honoraire est fixé selon les usages en fonction de divers critères : difficulté de l'affaire, temps passé, spécialité et notoriété de l'avocat, diligences accomplies par celui-ci, coût du fonctionnement de son cabinet, situation de fortune de son client, résultat obtenu. Au sujet de ce dernier critère, il convient de préciser que toute fixation d'honoraires qui ne serait établie qu'en fonction du résultat judiciaire est interdite. Dans la fixation de ses honoraires, l'avocat doit respecter les devoirs de modération que lui impose l'exercice de sa profession. Ainsi la détermination de l'honoraire est libre sous réserve du respect des règles du droit des contrats et des principes essentiels de la profession tels qu'ils sont rappelés dans le règlement intérieur de chaque barreau et au nombre desquels figure le principe de délicatesse.

[207] CPC, art. 5 et 301.

[208] Loi organique n° 2017-09 du 17 janvier 2017 précitée, art. 35 : « *Il est institué un bureau de l'aide juridictionnelle auprès de la Cour suprême. Peuvent bénéficier de l'aide juridictionnelle, les personnes physiques de nationalité sénégalaise ainsi que les étrangers ayant leur résidence habituelle au Sénégal et dont les ressources sont insuffisantes pour faire valoir leurs droits. L'aide peut être totale ou partielle. La demande adressée au bureau de l'aide juridictionnelle dans le délai du pourvoi ou du recours interrompt les délais de procédure, sauf en matière pénale. Un nouveau délai court à compter du jour de la réception, par l'intéressé, de la notification de la décision du bureau de l'aide juridictionnelle. La demande d'aide juridictionnelle déposée par le défendeur ne suspend pas le déroulement de la procédure. Un décret fixe les conditions d'application du présent article* ».

augmentation[209] et de son domaine d'application étendu[210], l'aide juridictionnelle n'est obligatoire que pour les accusés[211] dans le cadre de l'assistance judiciaire. Cette assistance permet à ceux qui sont démunis de bénéficier de l'aide d'un avocat dont les honoraires sont payés par l'État. Il apparaît alors que l'aide juridictionnelle a un but de solidarité sociale[212], mais la loi n'a pas manqué d'établir un garde-fou pour empêcher aux plaideurs d'engager des actions irréalistes, « *manifestement irrecevables ou dénuées de fondement* ».

III. La neutralité du juge

Acception de la neutralité du juge. – Le principe de neutralité est un baromètre qui permet de jauger le caractère équitable d'un procès[213] et par là, garantit à la justice sa crédibilité. En effet, quelle que soit la juridiction envisagée, le juge ne peut se saisir d'office ; peu importe qu'il ait eu connaissance de l'affaire, il doit être saisi par les parties au procès au moyen d'une action[214].

---

[209] Par exemple, pour l'exercice 2021, le programme relatif aux bureaux d'aide juridictionnelle semble être doté d'une enveloppe de 600 millions FCFA. En 2023, concernant, l'assistance juridictionnelle pour les Sénégalais établis à l'étranger et ayant maille à partir avec la justice des pays d'accueil, il a informé qu'une ligne budgétaire « *Aides et Secours* » est logée au ministère des Affaires étrangères et des Sénégalais de l'Extérieur dont l'enveloppe est dotée de 540 000 000 FCFA (voir Rapport de la commission relatif à l'examen du Projet de Budget 2023 du ministère de la Justice).

[210] Par exemple, il résulte de l'exposé des motifs de la Loi organique n° 2017-09 du 17 janvier 2017 précitée, que l'aide juridictionnelle peut être accordée pour les litiges portés devant la Cour suprême.

[211] Les personnes poursuivies pour crime.

[212] Loi organique n° 2017-09 du 17 janvier 2017, art. 34-2. « *Hors les cas prévus par d'autres textes (...) les personnes admises au bénéfice de l'aide juridictionnelle (...) sont dispensées de la consignation* ».

[213] A. FAYE, « Le procès juste et équitable au Sénégal », *EDJA*, n° 58, juillet, août, septembre, 2010, p. 55 et s.

[214] En fixant les conditions d'existence de l'action en justice (CPC, Art.1-2), le législateur sénégalais a donné, même si ce n'est pas de manière directe une

De ce fait, la personne qui saisit le juge s'appelle le demandeur (en appel, appelant-e) et la personne contre qui l'action est dirigée s'appelle le défendeur (en appel, intimé-e). À preuve, l'article 13 de la loi organique de 2017 portant statut des magistrats dispose : « *les magistrats doivent rendre impartialement la justice sans considération de personne ni d'intérêts. Ils ne peuvent se prononcer dans la connaissance personnelle qu'ils peuvent avoir de l'affaire* ».

Bon aussi à savoir sur la neutralité du juge. – La neutralité dépend aussi du rôle qu'on assigne au juge en fonction de la procédure qui est suivie par telle ou telle juridiction. Et traditionnellement, on oppose deux types de procédure : la *procédure inquisitoire* et la *procédure accusatoire*.

- La *procédure inquisitoire* se caractérise par des pouvoirs extrêmement importants pour le juge dans la phase de l'instance ; la maîtrise du procès est confiée au juge qui joue un rôle actif. En plus des éléments que les parties vont lui apporter, le juge pourra rechercher des éléments de preuve lui-même afin de fonder sa propre opinion.
- La *procédure accusatoire* donne le premier rôle aux parties qui ont l'initiative de l'action en justice, du déroulement et de l'instruction de l'instance, le magistrat prenant ensuite sa décision, éclairé par le débat entre les parties au civil, entre accusé et plaignant au pénal.

---

définition de l'action en justice (Nd. DIOUF, A. BA et I. SAMB, « Regards de Ndiaw DIOUF, Amady BA et Ibrahima SAMB sur le décret n° 2001-1151 du 31 décembre 2001 modifiant le Code de procédure civile », *R.S.D.A.*, n° 5, 2005, pp. 241 et s.). Il va sans dire qu'en droit sénégalais, l'action en justice ne fait pas l'objet d'une définition « *expressis verbis* », contrairement en droit gabonais (CPC, art. 30) ou français (CPC, art. 30) : « *L'action est le droit, pour l'auteur d'une prétention, d'être entendu sur le fond de celle-ci afin que le juge la dise bien ou mal fondé. Pour l'adversaire, c'est le droit de discuter le bien-fondé de celle-ci* ».

Quel que soit le type de procédure, les pouvoirs sont toujours contrebalancés par le principe du contradictoire. Le juge a l'obligation de respecter le principe du contradictoire et de le faire respecter entre les parties. Il ne peut pas juger une partie sans l'avoir au préalable appelée et sans l'avoir entendue. Le juge ne peut pas utiliser une preuve sans l'avoir communiquée aux parties, sans que celles-ci aient pu discuter de la validité de cette preuve. Par le biais du principe du contradictoire, il faut toujours que les éléments de preuve soient montrés aux parties. Le principe du contradictoire est essentiel dans le procès parce qu'on va éviter l'arbitrage du juge, on assure la transparence des débats, on assure la transparence de la procédure qui est menée et en assurant cette transparence on permet à la défense d'exercer ses droits[215].

La neutralité est mêlée à l'impartialité du juge. – L'impartialité signifie que le juge ne doit prendre parti pour aucun des plaideurs. Il y a des garanties procédurales pour s'assurer de l'impartialité des juges. En effet, le juge peut s'abstenir de siéger et se faire remplacer, s'il estime en conscience que pour telle ou telle raison son indépendance de jugement pourrait être suspectée.

Dans le langage du Palais, on dit alors *qu'il se déporte.* Par ailleurs, les plaideurs peuvent faire écarter un ou plusieurs juges ; dans ce cas, on parle de *récusation.* Ils peuvent enfin rejeter la compétence de la juridiction saisie au profit d'une autre juridiction du même ordre et du même degré ; on parle alors de *renvoi pour cause de suspicion légitime*. Mais ces procédures sont rigoureusement encadrées[216].

---

[215] Ces idées peuvent être approfondies à travers le principe de publicité (la publicité des débats, la publicité du jugement et la médiatisation du procès).
[216] CPC, art. 222 à 239.

Violation du principe de neutralité ou « prise à partie ». – Les plaideurs peuvent engager la responsabilité du magistrat dans le cadre d'une procédure appelée la prise à partie. La « *prise à partie* » est une action civile introduite par un justiciable contre un juge (ou contre un membre du ministère public ou une juridiction) auquel il reproche la commission d'un dol, d'une fraude, d'une concussion, ou d'une faute lourde professionnelle, soit dans le cours de l'instruction, soit lors des jugements[217].

Aux termes de la loi[218], la prise à partie contre les membres des cours d'appel et des Chambres criminelles ou contre une juridiction entière, est portée devant la Cour suprême et ne peut être engagée que sur autorisation du Premier président de cette Cour.

La *prise à partie* contre les membres d'un tribunal d'instance, d'un tribunal du travail, d'un tribunal de grande instance ou d'un tribunal de commerce, est portée à la Cour d'appel du ressort, mais au préalable, il faut l'autorisation du Premier président de la Cour d'appel.

Si l'autorisation est obtenue, l'affaire est jugée en audience solennelle devant la Cour d'appel ou devant la Cour suprême, selon le cas. Si le demandeur est débouté, il pourra être condamné à des dommages-intérêts envers les parties, s'il y a lieu. Dans le cas contraire, c'est le défendeur qui doit fournir réparation, plus précisément c'est à l'État de payer les dommages et intérêts[219].

---

[217] CPC, art. 312, al. 1-1°.

[218] Loi organique n° 2017-09 du 17 janvier 2017 sur la Cour suprême, art. 99 ; CPC, art. 316 et s.

[219] CPC, art. 312, al. 2 : « L'État est civilement responsable des condamnations en dommages-intérêts qui sont prononcées à raison de ces faits contre les magistrats, sauf son recours contre ces derniers ».

IV. La continuité de la justice

Signification du principe de continuité. – Ce principe postule que les juridictions ne siègent pas par intermittence mais de façon permanente, tous les jours de l'année, y compris les week-ends et les jours fériés. Certes, les services des juridictions sont suspendus les week-ends et les jours fériés, mais les plaideurs ont la possibilité de saisir le juge des référés pour les affaires urgentes. Ainsi, le juge d'instruction et les représentants du ministère public assurent une permanence les samedis, les dimanches et les jours de fête, de jour comme de nuit.

Exception du principe de continuité. – Au Sénégal, les Chambres criminelles qui ont plénitude de juridiction pour juger en premier ressort les personnes renvoyées devant elles soit par une ordonnance du juge d'instruction, soit par un arrêt de la chambre d'accusation pour des infractions qualifiées crimes et toutes autres infractions connexes, ne siègent pas de manière continue tout au long de l'année. Elles siègent par sessions au moins tous les quatre mois.

Conséquences du principe de continuité. – La continuité entraîne un certain nombre de conséquences. C'est en faveur de ce principe que les magistrats ne peuvent aller en grève et qu'ils ne peuvent pas n'ont plus se constituer en syndicats pour défendre leurs intérêts matériels et moraux. Il est nécessaire de rappeler ici que l'Union des magistrats du Sénégal n'a point le qualificatif de syndicat. Il s'agit simplement d'une association qui regroupe les magistrats constituant ainsi un cadre de concertation de ces derniers.

Bilan d'étape. – En dernière analyse, il apparaît que pour le juriste, la justice peut être appréhendée globalement à deux (02) niveaux : d'une part, elle est un pouvoir et d'autre part, elle une organisation. Il convient maintenant d'étudier les juridictions (**Titre 2**).

TITRE 2

LES ORGANES JUDICIAIRES

Vue d'ensemble. – La justice est mise en œuvre par de très nombreux organes judiciaires[220], dont leur création s'explique par des facteurs diversifiés, notamment :

✓ *Le souci de réaliser les objectifs inhérents à l'administration d'une bonne justice ;*

✓ *la volonté d'offrir aux citoyens une justice adaptée à la nature de leurs litiges et proche de leurs préoccupations ;*

✓ *la gestion rationnelle des deniers publics, etc.*

Champ d'investigation. – Parmi ces organes, nous avons les juridictions nationales et les juridictions supranationales. Ces dernières à savoir les juridictions internationales[221], la Cour continentale[222], les juridictions

---

[220] Il faut faire la distinction entre les termes *juridique* et *judiciaire* : le premier renvoie à tout ce qui a trait au droit ; exemple, un concept *juridique*, c'est-à-dire un mot qui a une signification précise en droit alors que le mot *judiciaire* renvoie à tout ce qui est relatif à l'administration de la justice.

[221] Comme la Cour Internationale de Justice qui est l'organe judiciaire principal des Nations Unies et Cour Pénale Internationale à vocation universelle, chargée de juger les personnes accusées de génocide, de crime contre l'humanité, de crime d'agression et de crime de guerre. La CIJ et la CPI siègent à La Haye (Pays-Bas).

[222] Dénommée Cour africaine des Droits de l'Homme et des Peuples établie par les pays africains pour assurer la protection des droits de l'homme et des peuples en Afrique. Basée à Arusha (Tanzanie), elle complète et renforce les fonctions de la Commission africaine des droits de l'homme et des peuples.

communautaires (la Cour de justice de la CEDEAO[223] et les organes judiciaires de l'UEMOA[224]), seront exclues de l'étude[225]. Seules les juridictions nationales retiendront notre attention **(Chapitre unique)**.

---

[223] Elle a été créée en 1993 par le traité révisé de la CEDEAO (article 15 Traité révisé). Elle est opérationnelle depuis 2002. Elle statue conformément aux clauses de la Charte africaine des Droits de l'Homme et des Peuples et son siège se trouve à Abuja (Nigeria) ; mais pour se rapprocher du justiciable, elle peut se déplacer. En ce sens, voir la décision de CJ CEDEAO, 27 octobre 2008 analysée par Y. HAMULI KABUMBA, « La répression internationale de l'esclavage. Les leçons de l'arrêt de la cour de justice de la Communauté économique des États de l'Afrique de l'Ouest dans l'affaire Hadijatou Mani Koraou c. Niger (27 octobre 2008), *RQDI*, n°21-2, 2008, pp. 25 et s.

[224] Ils sont au nombre de deux et tous deux ont leur siège à Ouagadougou (Burkina Faso). Il s'agit de la Cour de Justice et de la Cour des comptes. La première, créée par l'article 38 du Traité de l'Union et régie par la section I du protocole additionnel n° I, a été installée le 27 janvier 1995. Quant à la seconde, créée par l'article 38 du Traité et régie par la section II du protocole additionnel n° I, a été mise en place le 30 mars 1998.

[225] Pour aller plus loin, A. SALL, *La justice de l'intégration, réflexions sur les institutions judiciaires de la CEDEAO et de l'UEMOA*, 2e éd. CREDILA – L'Harmattan Sénégal, Dakar 2018, 482 pages.

CHAPITRE UNIQUE

LES ORGANES JUDICIAIRES NATIONAUX

Textes. – L'état actuel de l'organisation judiciaire résulte essentiellement de la constitution du 22 janvier 2001[226], modifiée[227] : « *Le pouvoir judiciaire est indépendant du pouvoir législatif et du pouvoir exécutif. Il est exercé par le Conseil constitutionnel, la Cour suprême, la Cour des comptes et les Cours et Tribunaux* »[228]. Des lois et Décrets ont précisé l'organisation judiciaire, la compétence des juridictions, le statut des magistrats, etc. Certes, de nombreuses réformes sont intervenues depuis, mais l'essentiel des structures prévues en 2001 persiste[229].

Plan. – L'étude des organes judiciaires nationaux fait apparaître deux (02) catégories de juridictions : les juridictions inférieures (**Section 1**) et les juridictions supérieures (**Section 2**).

---

[226] *JORS*, numéro spécial 5963 du 22 janvier 2001, modifiée, p. 27.

[227] La dernière révision date avec la Loi constitutionnelle n° 2016-10 du 05 avril 2016 portant révision de la Constitution (JORS, numéro spécial 6926 du 07 avril 2016, p. 505).

[228] Constitution du Sénégal, art. 88.

[229] La constitution a posé les principes constitutionnels et réparti les compétences entre le Parlement (art. 67 : seule la loi peut créer un nouvel ordre de juridiction, et organiser la procédure pénale) et le gouvernement (art 76 : la procédure civile relève du règlement).

SECTION 1
LES JURIDICTIONS INFÉRIEURES

Diversité des juridictions. – Ces juridictions sont plurielles et peuvent être catégorisées en trois rubriques : les juridictions de droit commun (**Paragraphe 1**), les juridictions d'exception (**Paragraphe 2**) et les juridictions spécialisées (**Paragraphe 3**).

PARAGRAPHE 1 : Les juridictions de droit commun

Définition et démarche. – Les « *juridictions de droit commun* » renvoient à celles qui ont une compétence large, générale pour statuer sur tout type de litiges, dans toutes matières, sauf lorsqu'une compétence spéciale est expressément attribuée à une autre juridiction. Les juridictions de droit commun sont réparties en juridictions du premier degré (**I**) et en juridictions du second degré (**II**).

I. Les juridictions de droit commun du premier degré

Énumération. – Au premier degré, les juridictions de droit commun sont les tribunaux d'Instance (**A**) et les Tribunaux de Grande Instance (**B**).

A. Les Tribunaux d'Instance (TI)

Réforme de 2014 : terminologie et finalité. – Les TI ont été créés par la Loi 2014-26 du 3 novembre 2014 précitée, en remplacement des Tribunaux départementaux. Le législateur a voulu faire du TI une juridiction « *très proche des justiciables et de leurs familles* »[230]. Il convient d'évoquer l'organisation et la compétence des TI.

---

[230] Nd. DIOUF, Droit de la famille, Abis éd., Dakar 2011, p. 11.

1. L'organisation des TI

Composition des TI. – Le service des TI est assuré par des magistrats du siège (*le président, le premier vice-président, les vice-présidents, les juges et les magistrats honoraires*) et du parquet (*le délégué du procureur de la République et les adjoints au délégué du procureur de la République*)[231].

Aussi, dans chaque TI, un ou plusieurs magistrats du siège peuvent être nommés aux fonctions de juge d'instruction suivant décret pris en Conseil Supérieur de la Magistrature[232] et ce, après avoir été désignés par arrêté du Garde des Sceaux, Ministre de la Justice.

Le président du TI, chef de la juridiction, est chargé de répartir les affaires selon les besoins du service. En cas d'absence ou d'empêchement, il est remplacé par le premier vice-président ou à défaut par le vice-président le plus ancien.

À défaut de délégué du Procureur de la République et de juge instructeur, c'est le chef de la juridiction qui est investi d'office aux fonctions de délégué de procureur de la République et de juge d'instruction[233]. C'est l'hypothèse du cumul des fonctions de poursuite, d'instruction et de jugement.

Le TI connaît également dans sa composition un cadi. Même si sa saisine dépend du juge du TI, ce dernier est obligé de le consulter lorsque le contentieux est relatif aux successions de droit musulman.

---

[231] Loi sur le statut des magistrats, art. 28.

[232] C. DIAKHOUMPA, *Traité théorique et pratique de la procédure pénale, Tome I : La phase préparatoire du procès,* PUS, 1e éd., 2015, p. 209.

[233] Décret n° 2015-1145 du 03 août 2015, précité, art. 2, al. 4 et 3 ; CPP, art. 36 issu de la Loi n° 85-25 du 27 février 1985.

N. B. Toute juridiction a besoin d'une infrastructure administrative pour faire face à la multitude des tâches matérielles qu'implique le fonctionnement d'une juridiction. L'ensemble des services administratifs forme ce que l'on appelle le greffe. Le greffe est animé par des fonctionnaires de justice soumis à un statut particulier[234].

Fonctionnement des TI. – Les tribunaux d'instance statuent, en principe, en formation collégiale et en nombre impair[235].

2. La compétence des TI

Critères d'appréciation. – La compétence est le pouvoir donné à une juridiction de connaître d'un litige et de statuer. La compétence des TI s'apprécie à l'aune de deux (02) critères. Si le premier est calqué sur la valeur ou la nature du litige qui informe sur la compétence d'attribution (**a**), le second, en revanche, est orienté vers un aspect de territorialité, qui indique la compétence territoriale (**b**) des Tribunaux d'instance.

a. La compétence d'attribution des TI

Notion. – La compétence d'attribution ou matérielle ou encore ratione materiae[236] renvoie à l'aptitude d'une juridiction à prendre un acte dans une matière donnée.

En matière civile et commerciale. – Il résulte de l'article 6 du Décret n° 2015-1145 du 03 août 2015 précité, « *Les TI connaissent tant en matière civile que commerciale de toutes actions personnelles ou mobilières en dernier ressort jusqu'au montant de 300 000 francs CFA et à charge d'appel jusqu'au montant de 2 000 000 francs CFA* ».

---

[234] Nous y reviendrons.

[235] Loi 2014-26 du 3 novembre 2014, précitée, art. 9.

[236] L'expression latine « *ratione materiae* » signifie « *en raison des dispositions légales ou réglementaires qui règlent la matière* ».

À l'analyse de cet article, deux conditions sont exigées. *La première est relative à la nature de l'action* ; celle-ci doit être personnelle[237] ou mobilière[238].

La seconde, quant à elle, est que la valeur du litige de nature civile ou commerciale, ne doit pas dépasser 2 000 000 francs CFA. Toutefois, il importe d'apporter quelques précisions : lorsque le montant du litige est inférieur ou égal à 300 000 francs CFA, les TI sont compétents en premier et dernier ressort. En termes autres, le jugement rendu est insusceptible d'appel ; la seule voie de recours disponible est le pourvoi en cassation devant la Cour suprême ; lorsque le montant du litige est supérieur à 300 000 francs CFA et sans excéder 2 000 000 francs CFA, l'appel se fera devant le TGI compétent.

IMPORTANT *: Il n'est pas inutile de faire observer que nonobstant l'institution des tribunaux de commerce*[239]*, les TI peuvent toujours recevoir compétence en matière commerciale. Il en est ainsi lorsque les contestations commerciales en causes sont relatives à des actes mixtes. En effet, loi autorise la partie non-commerçante, conformément à l'article 6 susvisé, de saisir les TI. De même, lorsqu'il n'existe pas un tribunal de commerce*

---

[237] Une action est dite personnelle lorsqu'elle vise à faire reconnaître un droit personnel ou de créance. Elle est formée par celui qui se prétend créancier contre son débiteur. Il ne s'agit pas obligatoirement d'une somme d'argent. Exemple : il peut s'agir d'une action judiciaire pour contraindre une personne à exécuter son obligation de faire quelque chose. On prétend donc que la personne est débitrice d'une obligation de faire dont on est soi-même le créancier.

[238] Quant à l'action mobilière, c'est lorsque le demandeur prétend être titulaire d'un droit portant sur un meuble. Par exemple, l'action en revendication d'un bien meuble.

[239] La loi n° 2017-24 du 28 juin 2017 précitée et modifiée par celle n° 2020-14 du 08 avril 2020 précitée.

territorialement compétent devant recevoir compétence, celle-ci peut revenir également aux TI.

En matière civile de statut personnel. – Suivant les dispositions de l'article 9 du Décret n° 2015-1145 du 03 août 2015 précité, les TI connaissent, en premier ressort et quelle que soit la valeur du litige de toutes les actions relatives au statut personnel[240]. Toutefois, l'article 95 du Code de la famille prévoit que les actions en réclamation ou en contestation d'état[241] relèvent de la compétence exclusive des juridictions civiles ; elles sont portées devant les TGI. La Cour suprême du Sénégal a jugé en date du 21 avril 2010 que « *la liquidation et le partage de la succession sont de la compétence exclusive du Tribunal régional (devenu TGI)* ».

En matière pénale. – En la matière, les TI prennent la dénomination de tribunal de police ou de simple police et

---

[240] Lexique des termes juridiques, Dalloz, 2017-2018, p. 1497 : Le statut personnel est un ensemble de règles juridiques concernant l'état et la capacité des personnes : mariage, séparation de corps, filiation, divorce, demandes en paiement, révision ou suppression de pension alimentaire, etc. Sont ainsi qualifiées d'actions relatives au statut personnel, les actions relatives à l'établissement du certificat de nationalité, de délivrance du certificat d'administration légale, d'autorisation d'inscription d'un acte de l'état civil, de rectification d'un acte de l'état-civil, de requêtes relatives à la vie matrimoniale (divorce, séparation de corps, annulation de mariage, contribution aux charges du ménage, garde des enfants, pension alimentaire) et de dévolution successorale (jugement d'hérédité, action en pétition d'hérédité, action en déclaration d'indignité successorale).

[241] L'état d'une personne est constitué par l'ensemble des règles qui définissent la personnalité juridique d'une personne physique et qui l'individualisent par rapport à sa famille et aux autres personnes. L'état d'une personne comprend principalement ses prénoms et nom de famille, son lieu et sa date de naissance, sa capacité civile, son domicile, sa filiation, sa situation au regard de l'institution du mariage (célibataire, marié, divorcé).
Les personnes morales qui sont des fictions juridiques n'ont pas d'état proprement dit, mais un statut.

connaissent de tous les faits qualifiés de contravention[242], commis dans l'étendue de leur ressort. Pour s'en convaincre, il suffit de se référer aux articles 509 et 510 CPP. C'est en réalité ce principe de compétence que réaffirme l'article 4, alinéa 1er du Décret n° 2015-1145 du 03 août 2015 précité. Mais, il s'est vu aussi reconnaître une compétence exceptionnelle dans les affaires pénales ayant une qualification délictuelle.

À RETENIR : En matière contraventionnelle, le tribunal de police a une compétence de principe et en matière délictuelle une compétence exceptionnelle.

Cette compétence exceptionnelle est fixée par la loi n° 84-20 du 02 février 1984 fixant les attributions des tribunaux d'instances en matière correctionnelle[243]. L'article 4, al 2 de cette loi précise : « *les tribunaux de police connaissent également des délits pour lesquels la loi leur a donné compétence* ». Cependant, cet article réserve le cas des infractions commises par les mineurs.

L'article 4 attribue compétence aux TI pour connaître des délits qu'il liste « *sauf dans les cas où ils ont été commis par des mineurs* ». En termes autres, les délits listés lorsqu'ils sont commis par un mineur, les juridictions compétentes sont les tribunaux pour enfants, et non les tribunaux de police (TI).

Les délits réprimés dont la connaissance est attribuée aux Tribunaux de police, sauf dans les cas où ils ont été

---

[242] Une contravention est une infraction pénale que les lois punissent d'une peine de police c'est-à-dire d'une peine d'emprisonnement d'un jour à un mois et d'une amende de 200 à 20 000 francs CFA CP, art 1er.

[243] *JORS* du 3 mars 1984, p. 125 et 126.

commis par des mineurs, sont des délits contre la chose publique[244] ou des délits contre les particuliers[245].

En attribuant au Tribunal de police une compétence d'exception en matière correctionnelle, le législateur sénégalais entend désengorger les tribunaux correctionnels (TGI) et d'assurer une bonne défense de l'ordre public et ce, dans l'intérêt des victimes et des délinquants eux-mêmes.

En matière de bail à usage d'habitation. – L'article 7, alinéa 1er du Décret n° 2015-1145 du 03 août 2015 précité, dispose « *Les tribunaux d'instance sont compétents pour connaître en premier ressort, quel que soit l'objet du litige, des actions relatives au contrat de louage d'immeubles à usage d'habitation* ».

La compétence dévolue aux TI concerne toutes les actions « *relatives au contrat de louage d'immeubles à usage d'habitation* »[246]. Cette compétence n'est plus

---

[244] Notamment : violation d'une décision d'interdiction de séjour ; réunion et manifestation non autorisées, falsification de scrutin ; violation de domicile par un particulier ; suppression, ouverture de lettres confiées à la poste commise par un fonctionnaire ; évasion de détenus sans violence ni bris de prison ; usurpation de fonctions ; port illégal d'uniforme et de décoration, altération de titres ou de noms ; vagabondage et mendicité.

[245] Par exemple, menaces simples de voies de fait ou violence ; coups et blessures volontaires n'entraînant pas plus de 20 jours d'incapacité ; administration de substances nuisibles n'ayant pas entraîné une incapacité supérieure à 20 jours ; consommation du mariage sur un mineur de 13 ans n'ayant pas occasionné de blessures graves ; outrage public à la pudeur ; attentat à la pudeur sans violences ; adultère et complicité ; non-déclaration de naissance et non remise d'enfant trouvé ; détournement de mineur ; abandon de famille ; inhumation sans permis et autres infractions aux lois et règlements sur les inhumations ; dénaturation volontaire d'interprétation devant le TI.

[246] Le contrat de bail à usage d'habitation, catégorie de contrat de louage d'une chose, doit s'entendre du bail à usage d'habitation au sens de l'article 568 COCC, à savoir les contrats portant sur des locaux à usage d'habitation, des locaux pris en location par des associations, des locaux pris en location

attachée, comme ce fut le cas avant la réforme de 2015, au taux mensuel.

En matière de contrôle de légalité des actes administratifs[247]**.** – Pour rappel, l'article 13 du Décret n° 2015-1145 du 03 août 2015 dispose : « *les tribunaux d'instance ont, au cours des instances dont ils sont saisis, également compétence pour interpréter*[248] *et apprécier la légalité des décisions des autorités administratives, lorsque de cet examen de la légalité dépend la solution du litige* ».

L'interprétation qui n'est pas de nature à troubler les activités de l'administration, n'a pas donné lieu à une jurisprudence abondante au Sénégal. Cependant, il n'en est pas de même de la question de l'appréciation de la légalité des actes administratifs[249].

La question de l'appréciation de la légalité d'un acte administratif (exception d'illégalité) pose, à l'image du REP, un problème de contentieux objectif relatif à la légalité d'une décision administrative.

---

par une personne morale de droit public pour y installer des services ou des agents, etc. Sont exclus les locaux ou immeubles affectés à un usage professionnel (avec ou sans caractère commercial, industriel ou artisanal).

[247] Une fois la loi votée, promulguée et publiée, le juge n'a pas à chercher sa conformité à la Constitution. Cependant, le problème est différent pour les Règlements. Les juges peuvent contrôler leur légalité. Ce contrôle s'opère sous deux (02) formes : soit par voie d'action soit par voie d'exception. Le contrôle par voie d'action, c'est le recours pour excès de pouvoir. Il est porté à l'attention du juge de la Chambre administrative de la Cour suprême. Le contrôle est qualifié « *par voie d'exception* » lorsque le prévenu prétend à l'occasion d'une poursuite que l'acte administratif (règlement ou arrêté, par exemple) est entaché d'un vice.

[248] L'interprétation des actes administratifs est l'opération par laquelle le juge cherche à découvrir l'intention des auteurs de l'acte, lorsque celui-ci n'est pas clair. Au terme de cette opération, le juge applique l'acte avec le sens qu'il entend lui donner.

[249] CS, arrêt n° 18 du 07 mai 2020, affaire ministère Public c/ Amadou Woury DIALLO et Bara SYLLA, in Bulletin des arrêts n° 21-22, Chambre criminelle, 2020, pp. 32 et s., *précité*.

L'exception d'illégalité se différencie cependant du recours pour excès de pouvoir.

✓ *D'abord*, l'exception d'illégalité est un recours incident (un procès dans un procès) et non une voie d'action principale (un procès contre un acte administratif).

✓ *Ensuite*, contrairement au recours pour excès de pouvoir, l'exception d'illégalité n'est pas enfermée dans des délais ; elle est perpétuelle.

✓ *Enfin*, l'exception d'illégalité n'a pas pour objet d'obtenir l'annulation de l'acte administratif mais simplement une déclaration relative à l'illégalité de cet acte. Ainsi, s'il s'avère qu'il est illégal, le juge se contente d'écarter son application du litige qui lui est soumis ; l'acte administratif est ainsi simplement neutralisé.

Dans le modèle de l'unité de juridiction (*un juge unique et deux droits*), marqué par la suppression des questions préjudicielles devant les juridictions de fond, le contentieux de l'appréciation de la légalité des actes administratifs constitue une question préalable de la compétence de toutes les juridictions du fond.

L'importance accordée à la compétence matérielle c'est-à-dire celle fondée sur la nature ou l'objet du litige, ne nous fera pas oublier la compétence territoriale des TI.

b. La compétence territoriale des TI

Notion. – La compétence territoriale ou *ratione loci*[250], quant à elle, détermine l'étendue géographique du pouvoir de juger[251].

---

[250] L'expression latine « *ratione loci* » signifie « en raison du lieu ». Elle est employée dans les affaires dans lesquelles est soulevé un moyen portant sur la compétence géographique d'une juridiction (ou d'un agent public).

[251] La loi du 3 novembre 2014 fixant l'organisation judiciaire, a laissé intactes les règles de compétence territoriales des juridictions qui sont encore régies

Principe. – La compétence territoriale des TI est calquée sur le principe du lieu où le défendeur a son domicile ou sa résidence s'il s'agit d'un particulier ou son siège social pour une entreprise[252].

En présence de plusieurs défendeurs domiciliés dans le ressort territorial de tribunaux d'instance différents, le demandeur peut choisir le tribunal d'instance du lieu où demeure l'un quelconque des défendeurs.

Si le défendeur n'a pas de domicile ou de résidence connus au Sénégal, le demandeur peut saisir le tribunal d'instance du lieu où il demeure. Si le demandeur n'a pas lui-même de résidence au Sénégal et habite à l'étranger, il peut saisir le tribunal d'instance de son choix.

Tempéraments au principe. – Il existe des exceptions à cette règle de principe permettant au demandeur de saisir un autre tribunal d'instance.

❖ Ainsi, s'il s'agit d'un litige relatif à la livraison d'une marchandise ou à l'exécution d'une prestation de service, il est possible de saisir le TI du lieu de livraison de la marchandise, ou bien celui du lieu d'exécution de la prestation[253].

❖ En matière de bail à usage d'habitation, le TI compétent est celui du lieu de situation de l'immeuble[254].

---

par des textes spécifiques (CPC, art. 34 CPP ; CF, art. 167 ; CPP, art. 43 et 370).

[252] C. CHAINAIS, F. FERRAND L. MAYER, S. GUINCHARD, *Procédure civile, Droit interne et européen du procès civil,* Dalloz, 35e éd., 7 octobre 2020, p. 1080.

[253] CPC, art. 34 al. 4.

[254] CPC, art. 34 al. 5.

❖ En matière successorale, le TI compétent est celui du lieu où la succession est ouverte, c'est-à-dire le lieu du dernier domicile du défunt[255].

❖ En matière de divorce, le TI compétent n'est pas celui du défendeur mais plutôt celui du domicile de l'épouse[256].

❖ En matière de pension alimentaire, l'instance peut être portée devant le tribunal du domicile du créancier demandeur.

❖ En matière d'élection de domicile par convention, le TI à saisir sera celui du lieu choisi par les parties[257].

❖ En matière pénale, il est possible de saisir le TI du lieu où l'infraction a été commise ou celui du lieu où le dommage a été effectivement subi.

B. Les Tribunaux de Grande Instance (TGI)

Réformes de 2014 et de 2023. – Les TGI ont été aussi créés par la Loi 2014-26 du 3 novembre 2014 précitée, en remplacement des Tribunaux régionaux. À Dakar, il est institué au Tribunal de Grande Instance hors classe (TGIHC), un Pool judiciaire spécialisé dans la répression des crimes et délits économiques ou financiers, dénommé Pool judiciaire financier (PJF).

Sous le bénéfice de ces précisions, il convient de présenter l'organisation, puis la compétence des TGI.

1. L'organisation des TGI

De la composition des TGI. – Le service des TGI est, à l'instar de celui des TI, assuré par des magistrats du siège (*le président ; le premier vice-président ; les vice-*

---

[255] CF, art. 397, al. 1er.
[256] CF, art. 167.
[257] CPC, art 34, al. 10.

présidents ; le doyen des juges d'instruction ; les juges ; les magistrats honoraires), du parquet (*le procureur de la République ; le procureur de la République adjoint ; le premier substitut du procureur de la République ; les substituts du procureur de la République*)[258].

Le président du TGI, qui peut toujours présider l'audience quand il le juge convenable, répartit le service entre les juges. En cas d'absence ou d'empêchement, il est remplacé par le premier vice-président ou à défaut par le vice-président le plus ancien. La suppléance du Chef de juridiction est constatée par arrêté du Garde des Sceaux, ministre de la Justice.

Dans chaque TGI, l'un des juges désignés par arrêté du ministre de la Justice, remplit les fonctions de juge d'instruction. Il peut être désigné plusieurs juges d'instruction dans un TGI quand les besoins du service l'exigent. S'il n'y a qu'un seul juge au siège du tribunal, il remplit d'office les fonctions de juge d'instruction.

Auprès de chaque TGI, il y a un procureur de la République chargé d'exercer les fonctions de ministère public. En cas d'empêchement ou d'absence, il est suppléé de plein droit par le procureur adjoint ou à défaut par le premier substitut[259].

Composition du PJF institué au sein du TGIHC de Dakar. – Le PJF institué au TGIHC de Dakar et spécialisé dans la répression des crimes et délits économiques, est composé :

✓ *d'un Parquet financier* nommé par décret conformément aux règles statutaires, parmi les magistrats des cours et tribunaux ayant atteint la hors hiérarchie. Il est dirigé par le Procureur de la République financier et placé sous l'autorité du Procureur général près la Cour d'appel de

---

[258] Loi statut des magistrats, art. 28.
[259] Loi statut des magistrats, art. 90.

Dakar. Il a dans les affaires de sa compétence les mêmes attributions que le Procureur de la République. Il est assisté par un Procureur de la République financier adjoint et de trois (03) substituts financiers, au moins. Ces derniers sont nommés par décret, conformément aux règles statutaires, parmi les magistrats des cours et tribunaux ayant atteint au moins, respectivement le 1er groupe du 1er grade et le 2e groupe du 1er grade[260].

✓ *d'un Collège des juges d'instruction financiers* composé de cinq (05) magistrats au moins, nommés par décret, après avis du Conseil supérieur de la Magistrature, parmi les magistrats des cours et tribunaux ayant atteint au moins le 2e groupe du 1er grade. Il est présidé par le magistrat le plus ancien[261].

IMPORTANT : Les magistrats du Parquet financier et les juges d'instruction financiers exercent leur fonction de membre du Pool judiciaire financier à l'exclusion de tout autre emploi. L'administrateur des greffes du TGIHC de Dakar (*et même celui de la Cour d'appel de Dakar*) met à la disposition du Pool judiciaire financier des greffiers pour son fonctionnement[262].

Le PJF est, en outre, composé :

✓ *d'une Chambre de jugement financière* composée de sept (07) magistrats au moins, nommés par décret après avis du Conseil supérieur de la Magistrature, parmi les magistrats des cours et tribunaux ayant atteint au moins le 1er groupe du 1er grade. Elle est présidée par le magistrat le plus ancien[263]. Les magistrats de la Chambre de jugement financière et ceux désignés pour siéger à la Chambre des

---

[260] CPP, art. 677-97 et s. issu de la Loi n° 2023-14 du 02 août 2023.
[261] CPP, art. 677-104 et s. issu de la Loi n° 2023-14 du 02 août 2023.
[262] CPP, art. 677-92 issu de la Loi n° 2023-14 du 02 août 2023.
[263] CPP, art. 677-109 et s. issu de la Loi n° 2023-14 du 02 août 2023.

appels financière peuvent cumuler leurs fonctions avec les tâches judiciaires ou juridictionnelles qui leur sont éventuellement confiées au sein de leurs juridictions respectives[264].

✓ *d'assistants de justice spécialisés* choisis parmi les fonctionnaires de catégorie A ou B ainsi que les personnes titulaires d'un diplôme national sanctionnant une formation d'une durée au moins égale à quatre années d'études supérieures après le baccalauréat, qui remplissent les conditions d'accès à la fonction publique et justifient d'une expérience professionnelle minimale de quatre années. Ils suivent une formation obligatoire préalable à leur entrée en fonction et participent aux procédures sous la responsabilité des magistrats, sans pouvoir toutefois recevoir délégation de signature[265].

Fonctionnement des TGI. – Le TGI statue en formation collégiale composée de trois juges[266]. Cette règle est également valable pour la Chambre de jugement financière[267] qui, en audience ordinaire, siège en formation collégiale composée d'un juge-président et de deux juges assesseurs.

---

[264] CPP, art. 677-108, al. 12 issu de la Loi n° 2023-14 du 02 août 2023.

[265] CPP, art. 677-104 et s. issu de la Loi n° 2023-14 du 02 août 2023 : À ce titre, ils accomplissent toutes les tâches qui leur sont confiées par les magistrats et peuvent notamment : « *assister les officiers de police judiciaire, assister les magistrats du ministère public dans l'exercice de l'action publique, assister les juges d'instruction dans tous les actes d'information, assister les officiers de police judiciaire agissant sur délégation des magistrats, remettre aux magistrats des documents de synthèse ou d'analyse qui peuvent être versés au dossier de la procédure. Ils ont accès au dossier de la procédure pour l'exécution des tâches qui leur sont confiées et sont soumis au secret professionnel sous les peines prévues à l'article 363 du Code pénal* ».

[266] Loi 2014-26 du 3 novembre 2014, précitée, art. 9.

[267] CPP, art. 677-109, al. 2 issu de la Loi n° 2023-14 du 02 août 2023.

À défaut de trois juges disponibles au niveau du siège, le président peut faire compléter la composition par un juge d'instruction ou un juge des tribunaux d'instance du ressort par le biais d'une ordonnance dûment motivée[268].

Toutefois, lorsque l'effectif qui leur est affecté est inférieur à trois magistrats, non compris les juges d'instruction, le TGI statue à juge unique, sauf en matière criminelle. En matière criminelle, aucune dérogation au principe de la collégialité n'est admissible. Les Chambres criminelles près les TGI statuent toujours en formation collégiale.

Par ailleurs, il n'est pas inutile de rappeler que le TGI statuant en formation spéciale[269], est complété par des assesseurs.

2. La compétence des TGI

Compétence* ratione materiae *des TGI. – A priori, les TGI sont compétents là où les TI ne sont pas compétents[270]. Plus précisément, les TGI sont juges de droit commun en première instance en toutes matières, à l'exception de celles soumises à une autre juridiction.

Par exemple, en matière pénale, les TGI connaissent en premier ressort de tous les délits autres que ceux qui sont de la compétence des TI. Ils sont aussi compétents pour juger toute infraction qualifiée de crime. Cette compétence est dévolue aux Chambres criminelles près des TGI[271].

[268] Décret 2015, art 15 *in fine*.

[269] En matière militaire (assesseurs militaire et paramilitaire) ou tribunal pour enfants.

[270] Par exemple, lorsque la valeur de la demande excède 2 millions de Francs CFA.

[271] A. TRAORE, « L'institution des chambres criminelles au niveau des tribunaux de grande instance », *in La balance*, Rev. semestrielle UMS, janvier - juin, 2017, p. 121.

Cependant, elles ne sont pas compétentes pour connaître des crimes commis par les mineurs.

Juridictions de droit commun, les TGI sont également compétents en matière administrative, fiscale sauf pour ce qui concerne le recours pour excès de pouvoir réservé à la Chambre administrative de la Cour suprême.

En outre, les TGI sont compétents pour interpréter et apprécier la légalité des actes administratifs[272] dans les mêmes conditions que celles exigées par le législateur à travers la compétence des TI en la matière.

Il importe aussi de noter qu'ils n'ont pas compétence pour les élections des élus locaux, des membres de chambre de métiers, de chambre de commerce, les conseils des ordres professionnels. Le contentieux de ces élections relève de la compétence des Cours d'appel.

IMPORTANT **:** Les TGI servent également de juridiction d'appel pour les jugements rendus en premier ressort par les TI qui sont dans leur ressort. Mais, pour les délits relevant de la compétence des TI, l'appel est interjeté devant la Cour d'appel.

Compétence **ratione loci** ***des TGI.*** – La compétence territoriale des TGI est également calquée sur le principe du lieu où le défendeur a son domicile ou sa résidence s'il s'agit d'un particulier ou son siège social pour un groupement.

Toutefois, en matière pénale, la compétence territoriale du juge du TGI ne s'apprécie point par rapport à cette règle mais plutôt en fonction du lieu de commission de l'infraction relevant de sa compétence. Il en est ainsi également en matière de responsabilité civile lorsque cette juridiction est compétente. Dans cette hypothèse, la victime n'est pas obligée de traduire l'auteur du dommage devant le TGI du

[272] Loi 2014-26, précitée, art. 19 et Décret 2015-1145, précité, art. 13.

domicile de ce dernier. Sur ce, la victime a le choix entre le tribunal du lieu où le dommage s'est produit et celui du lieu où le fait dommageable a été subi.

Compétence du PJF institué au sein du TGIHC de Dakar. – Le Pool judiciaire financier exerce une *compétence concurrente* à celle des juridictions de droit commun, pour la poursuite, l'instruction et le jugement des infractions à caractère économique ou financier.

Il s'agit notamment : la corruption et les pratiques assimilées, les détournements, escroqueries et soustractions liés aux deniers publics, les infractions liées à la fausse monnaie, le blanchiment de capitaux, les infractions fiscales, les infractions douanières, le trafic de stupéfiants, les infractions liées aux technologies de l'information et de la communication, les infractions en matière de chèque, de carte bancaire et des autres instruments[273].

Pour les infractions liées à l'escroquerie et l'abus de confiance, dont le préjudice est supérieur ou égal à cinquante millions (50 000 000) de francs et que les faits impliquent plusieurs auteurs, complices, ou victimes ou s'étendent sur plus d'un ressort d'un tribunal de grande instance, le PJF exerce une *compétence exclusive* pour leur poursuite, leur instruction et leur jugement.

Il en est de même aux faits qualifiés de corruption et pratiques assimilées, de la fraude et du blanchiment de capitaux résultant des enquêtes diligentées par les autorités administratives indépendantes, notamment la Cellule nationale de Traitement des Informations financières (CENTIF) et l'Office national de Lutte contre la Fraude et la Corruption (OFNAC). Sont également concernées les infractions liées à la réglementation des marchés publics, à

[273] CPP, art. 677-93 issu de la Loi n° 2023-14 du 02 août 2023.

la piraterie maritime, au financement du terrorisme, au trafic de migrants, à l'enrichissement illicite[274].

Siégeant à Dakar, le PJF institué au TGIHC exerce sa compétence sur toute l'étendue du territoire national[275].

Au total, ayant fait l'événement du régime juridique de la compétence des TGI, il ne sera pas moins important de préciser que les jugements de ce tribunal, rendu en premier ressort, sont portés devant la Cour d'appel, juridiction de second degré.

Quid des juridictions du second degré ?

I. Les juridictions du second degré : les Cours d'appel

Précisions et innovation. – Elles sont au nombre de six (06). Il s'agit des Cours d'appel de Dakar, de Saint-Louis, de Kaolack, de Ziguinchor, de Thiès et de Tambacounda. Une fois l'organisation et le fonctionnement des Cours d'appel précisés, la compétence d'attribution sera déclinée.

A. Organisation et fonctionnement des Cours d'appel

Organisation des Cours d'appel : organisation territoriale. – Ces six (06) Cours ne sont ni catégorisées ni classées.

- Le ressort de la Cour d'appel de Dakar s'étend aux TGI de Dakar, Pikine-Guédiawaye et Rufisque.
- Le ressort de la Cour d'appel de Saint-Louis s'étend aux TGI de Saint-Louis, Matam et Louga.
- Le ressort de la Cour d'appel de Kaolack s'étend aux TGI de Kaolack, Fatick et Kaffrine.

---

[274] CPP, art. 677-94 issu de la Loi n° 2023-14 du 02 août 2023.

[275] CPP, art. 677-96 issu de la Loi n° 2023-14 du 02 août 2023.

- Le ressort de la Cour d'appel de Ziguinchor s'étend aux tribunaux de grande instance de Ziguinchor, Kolda et Sédhiou.
- Le ressort de la Cour d'appel de Thiès s'étend aux TGI de Thiès, Diourbel, Mbour, Mbacké et Tivaouane.
- Le ressort de la Cour d'appel de Tambacounda s'étend aux TGI de Tambacounda et Kédougou.

À NOTER : ***Le ressort précise l'étendue de la compétence d'une juridiction, soit au point de vue géographique soit en ce qui concerne la valeur du litige.***

Organisation des Cours d'appel : organisation interne. – Chaque Cour d'appel comprend un premier président[276], placé à sa tête, un premier vice-président, des présidents de chambre, un secrétaire général[277], des conseillers et des magistrats honoraires. En plus de ces magistrats du siège, la cour d'appel dispose d'un parquet général composé du procureur général, du premier avocat général, des avocats généraux, du premier substitut général et des substituts

[276] Le premier Président établit, au début de chaque année judiciaire, le roulement des conseillers dans les différentes chambres après avis des Présidents de chambre et après avoir entendu le procureur général. Il répartit, en même temps, le service des différentes chambres entre les différents Présidents. Il répartit aussi le roulement des audiences de vacation en fixant les jours et heures de ces vacations qui sont portées à la connaissance des justiciables par voie d'insertion au Journal officiel et d'affichage à la porte du palais de Justice. Il préside, en outre, les audiences solennelles et les assemblées générales. Il préside, enfin, quand il le juge convenable, toute autre chambre. La suppléance du premier président de la Cour d'appel s'établit ainsi qu'il suit : il est remplacé de plein droit par le premier vice-président ou à défaut par le président de chambre le plus ancien. S'agissant du président de chambre, en cas d'empêchement, il est remplacé par le conseiller le plus ancien.

[277] Il s'assure, conformément aux directives du premier président et sous son autorité, de la répartition des dossiers entre les différentes chambres de la cour et assiste, ou remplace en cas d'empêchement, le premier président dans ses attributions administratives.

généraux. Toutes les fonctions du ministère public sont spécialement et personnellement confiées au Procureur général[278].

Dans le cadre de la répression des crimes et délits économiques ou financiers, il est institué à la Cour d'appel de Dakar une *Chambre d'accusation financière* composée de cinq (05) magistrats, au moins, dont le Président de chambre, nommés par décret, après avis du Conseil supérieur de la Magistrature et une *Chambre des appels financière*[279] composée de cinq (05) magistrats au moins, désignés par ordonnance du Premier président de la Cour d'appel de Dakar, sur proposition de l'assemblée générale de ladite juridiction.

Fonctionnement des Cours d'appel. – La Cour d'appel comprend plusieurs chambres (Civile, Commerciale, Correctionnelle, sociale, des mineurs et d'accusation[280], etc.), mais le nombre de chambres varie selon l'importance de la Cour et de ses effectifs. En cas d'absence ou d'empêchement momentané ou encore en cas de difficulté inopinée à constituer une chambre, l'un des magistrats de la Cour d'appel peut être remplacé par un magistrat du TGI du ressort n'ayant pas connu de l'affaire.

---

[278] À cet effet, il distribue le service entre les chambres de la cour d'appel. Les avocats généraux et les substituts généraux ne participent à l'exercice de ces fonctions, que sous l'autorité du Procureur général.
En cas d'absence ou d'empêchement, le procureur général est remplacé de plein droit par le premier avocat général, à défaut par l'avocat général ou le substitut général le plus ancien.

[279] CPP, art. 677-109, al. 8 issu de la Loi n° 2023-14 du 02 août 2023.

[280] La chambre d'accusation a des **attributions principales** (l'appel des ordonnances du juge d'instruction ; contrôle de la régularité des actes d'instruction ; discipline des OPJ) et **accessoires** (règlement des conflits entre deux juges d'instruction ou deux tribunaux correctionnels ou de police du ressort de la même Cour d'appel ; demandes d'extradition, de réhabilitation ou de rectification d'une fausse identité).

À Dakar, la Cour d'appel comprend, en plus des Chambres civile, commerciale, correctionnelle, sociale, des mineurs et d'accusation, d'une Chambre des appels financière et d'une Chambre d'accusation financière.

Les chambres des Cours d'appel siègent obligatoirement en formation collégiale et en nombre impair.

B. Compétence des Cours d'appel

Compétence matérielle des Cours d'appel. – La Cour d'appel rejuge les affaires jugées en première instance par les tribunaux qui est dans son ressort. Plus précisément, elle connaît de l'appel des jugements rendus en premier ressort par les TGI en matière civile, commerciale[281], correctionnelle, administrative et fiscale. De même, elle connaît de l'appel des jugements rendus en premier ressort par les TGI en matière criminelle ; cette compétence est dévolue à la chambre criminelle de la Cour d'appel.

La Cour d'appel est aussi juge d'appel des décisions rendues dans les affaires correctionnelles (petits délits) par le TI qui est dans son ressort.

La Cour d'appel est, en outre, compétente pour connaître de l'appel des jugements rendus en premier ressort par les tribunaux de travail.

La Cour d'appel est, enfin, compétente pour se prononcer sur les contentieux relatifs au déroulement des diverses élections administratives[282].

Toutefois, la compétence de cette Cour ne s'étend pas aux contentieux des inscriptions sur les listes électorales ; les contestations relatives à ces opérations relèvent de la compétence des TI[283].

---

[281] Parfois.

[282] Élus locaux, membres des chambres de métiers et de commerce, conseils des Ordres professionnels.

[283] Code électoral 2017, art. 43.

L'appel contre les décisions rendues par la Chambre de jugement financière est porté devant la Chambre de jugement de la Cour d'appel de Dakar spécialisée, dénommée Chambre des appels financière.

Par ailleurs, il importe de souligner que la Chambre d'accusation financière est la seule « *juridiction d'instruction du second degré* » compétente pour les infractions relevant de sa compétence[284].

Compétence territoriale des Cours d'appel. – La juridiction d'appel territorialement compétente est celle qui est du ressort du tribunal qui a rendu la décision contestée. S'agissant de la répression des crimes et délits économiques ou financiers, la Chambre de jugement financière et la Chambre d'accusation financière qui sont instituées à la Cour d'appel de Dakar, exercent leur compétence sur toute l'étendue du territoire national.

PARAGRAPHE 2 : Les juridictions spécialisées

Qu'est-ce qu'une juridiction spécialisée ? – Contrairement aux juridictions de droit commun, les juridictions spécialisées ont compétence pour les seuls litiges qui leur sont expressément attribués par un texte de loi particulier. Ce sont généralement des juridictions ou des formations spéciales au sein d'une juridiction de droit commun, dont la compétence sera limitée à un domaine restreint en fonction de critères spécifiques.

Ainsi, si certaines juridictions spécialisées sont dotées de compétences en fonction de la nature du litige (**I**), d'autres sont compétentes en raison de la qualité des personnes (**II**).

[284] CPP, art. 677-108, al. 2 et 3 issu de la Loi n° 2023-14 du 02 août 2023.

I. Les juridictions spécialisées en fonction de la nature du litige

***Juridictions spécialisées* ratione materiae.** – Ce sont les tribunaux de commerce (**A**) et les tribunaux de travail (**B**).

A. Les Tribunaux de commerce (TC)

Réforme. – Dans le but de promouvoir une amélioration de la justice commerciale par un renforcement de la protection des investisseurs et une réduction des délais d'exécution des contrats, le Sénégal a adopté le 28 juin 2017 une loi portant création, organisation et fonctionnement des tribunaux de commerce et des chambres commerciales d'Appel[285]. Cette loi est modifiée par celle n° 2020-14 du 08 avril 2020. Les TC sont des juridictions conçues spécialement pour traiter des litiges commerciaux[286]. Ils sont considérés comme des juridictions spécialisées compétentes pour juger en premier ressort les affaires commerciales.

1. L'organisation des TC

Composition. – Les TC sont composés de juges professionnels (magistrats de carrière) parmi lesquels le président, le ou les vice-présidents et les juges. En plus de ses attributions juridictionnelles[287], le Président du TC

---

[285] Loi n° 2017-24 du 28 juin 2017 portant création, organisation et fonctionnement des tribunaux de commerce et des chambres commerciales d'Appel, *JORS*, n° 7023 du samedi 1er juillet 2017, p. 762. Cette loi est modifiée par la Loi n°-2020-14 du 08 avril 2020.

[286] Le législateur sénégalais avait depuis l'indépendance, opté pour le jugement de toutes les affaires par les mêmes juridictions. C'est ainsi que les tribunaux d'instance et de grande instance ont compétence pour juger les affaires quelle que soit leur nature. Ce choix est de plus en plus remis en cause avec l'institution de juridictions spécialisées, notamment pour les litiges en relation avec l'activité commerciale.

[287] Il a une compétence générale en matière de référé (ordonner en référé toutes les mesures conservatoires ou une remise en état pour prévenir un

veille, en sa qualité de chef de juridiction, au traitement rapide des affaires. Il a aussi à sa charge l'organisation du tribunal. À ce titre :

- Il établit, au début de chaque année judiciaire, le roulement de juges ;
- Il distribue les affaires et surveille le rôle général, pourvoit au remplacement à l'audience des juges empêchés ;
- Il convoque le tribunal pour les assemblées générales ;
- Il surveille la discipline de sa juridiction ;
- Il organise et réglemente le service intérieur du tribunal.

Ensuite, aux côtés des juges professionnels, les juridictions commerciales accueillent aussi des juges non professionnels appelés juges consulaires issus du monde des affaires[288]. Ce sont des commerçants choisis parmi leurs pairs, pour une durée de trois (03) ans renouvelables.

La liste d'aptitude aux fonctions de juges consulaires est établie par la Chambre consulaire du siège du TC après

---

dommage imminent ou pour faire cesser un trouble manifestement illicite en l'absence d'une contestation sérieuse). Et même en l'absence d'une contestation sérieuse le président peut toujours en matière de référé, prescrire toutes les mesures qu'il estime nécessaires. Le président du tribunal de commerce est compétant également pour connaître des injonctions de paiement fondées sur les effets de commerce ou des actes authentiques en application des dispositions du code de procédure civile.

[288] Et jugés les mieux placés à connaître les usages commerciaux. Il s'agit d'acteurs du monde des affaires, dont leur point de vue peut aider à un traitement judicieux des litiges commerciaux. L'avantage principal est la connaissance technique des pratiques, coutumes commerciales et usages commerciaux, en d'autres termes la théorie de la technicité des juges consulaires qui échappe aux juges de carrière, même si leur présence au sein de la juridiction commerciale dérange certains acteurs de la justice. En tout état de cause les juges (consulaires ou professionnels) sont choisis en tenant compte de leur aptitude à assumer les fonctions de juge. Autrement dit, seuls ceux qui ont des compétences avérées dans le domaine du droit commercial pourront siéger en qualité de juges.

concertation avec les Chambres consulaires du ressort. Cette liste est transmise au ministre chargé de la Justice qui nomme par arrêté les juges consulaires titulaires et leurs suppléants. S'ils sont appelés à siéger dans un TC nouvellement créé, ils prêtent serment devant ledit Tribunal composé exclusivement de magistrats professionnels.

Dans chaque TC, les fonctions du ministère public sont assurées par le procureur de la République près le TGI dans le ressort duquel se trouve le siège du TC. Toutefois, sa présence à l'audience est facultative[289]. En outre, les TC comprennent, à l'instar des juridictions déjà étudiées, d'un greffe composé d'un administrateur de greffe ou d'un greffier en chef et de greffiers qui assistent la juridiction[290].

Les TC comportent enfin un personnel administratif.

IMPORTANT : *Le ressort territorial d'un tribunal de commerce ne correspond pas nécessairement à une circonscription administrative, ni au ressort d'un tribunal d'instance ou de grande instance. L'installation d'un tribunal de commerce est fonction de l'importance de l'activité commerciale dans chaque région, ce qui permet d'en installer plusieurs dans une même région en cas de besoin.*

Fonctionnement. – Le principe de la collégialité est de mise dans les TC et les jugements sont rendus par des juges

[289] Dans ce cas, le défaut de réquisition ne peut empêcher le déroulement du procès. Il n'y aurait pas de voix prépondérante. Bien que le prononcé de la décision par le tribunal le dessaisisse, le justiciable bénéficie du droit à un double degré de juridiction, lorsque la valeur du litige lui permet de saisir la juridiction d'appel.

[290] Le greffier du tribunal de commerce est un travailleur indépendant qui remplit diverses fonctions telles que : assistance du tribunal de commerce, conservation des minutes et des archives, authentification et délivrance des copies, mission de publicité légale et de contrôle juridique, tenue du registre du commerce et des sociétés, conservation des sûretés mobilières, diffusion de l'information juridique et financière sur les entreprises.

statuant en nombre impair[291]. Cependant, le nombre des juges professionnels ne peut être supérieur à celui des juges consulaires. Les jugements sont toujours rendus par trois juges au moins dont un juge professionnel, (président) et deux juges consulaires (assesseurs).

De surcroît, les TC sont sous le contrôle d'un conseil de surveillance qui est chargé de surveiller leurs activités. C'est un organe de contrôle et de suivi du fonctionnement de la juridiction. Ainsi, toutes les activités, de l'entrée du dossier jusqu'à la prise de décision, sont contrôlées.

Ceci contribue fortement à la performance des tribunaux de commerce vu que dans le cadre du suivi et de l'évaluation, le conseil de surveillance dresse un rapport annuel sur le fonctionnement des tribunaux de commerce qui doit relever notamment les dysfonctionnements et proposer des mesures ayant pour but d'améliorer le service[292]. Il faut enfin relever que les TC sont désormais en charge du Registre du Commerce et du Crédit mobilier (RCCM), géré auparavant par les juridictions de droit commun.

2. La compétence des TC

Compétence matérielle des TC. – Les TC sont, par essence, les juridictions compétentes en matière commerciale en première instance. Les règles de compétences relatives aux TC sont fixées par les articles 7 et suivants de la loi n° 2017 modifiée. À l'examen des dispositions de l'article 7 de la loi précitée, les juridictions

---

[291] Loi n° 2017-24 du 28 juin 2017 précitée, art 14.

[292] Ceci étant, la mission d'évaluation du conseil, ponctuée par le rapport qu'il dresse à cet effet, traduit le souci d'œuvrer constamment à l'efficacité de la justice commerciale. En effet, une telle activité permet d'envisager les solutions d'avenir qui renforceront la qualité de la justice rendue aux commerçants. Ces décisions sont motivées et susceptibles de recours devant la Cour suprême.

de commerce sont compétentes pour juger une affaire exclusivement au regard de sa nature commerciale[293].

À ce titre, les TC sont compétents pour connaître les contestations relatives aux engagements et transactions entre commerçants et celles relatives entre associés d'une société commerciale ou d'un groupement d'intérêt économique.

Ils connaissent également, de manière exclusive, du contentieux des entreprises en difficulté. À cet effet, ils jouent un rôle préventif et curatif.

Il en est de même du contentieux relatif aux actes de commerce accomplis par les commerçants à l'occasion de leur commerce et de l'ensemble de leurs contestations commerciales comportant même un objet civil.

Lorsque le litige concerne un acte mixte[294], c'est-à-dire un acte opposant un commerçant et un non-commerçant, ce dernier peut exercer l'option de juridiction[295]. Ainsi, le non-commerçant ou civil peut assigner le commerçant soit devant le TC, soit devant la juridiction de droit commun compétente. Parallèlement, si le demandeur est le commerçant, il ne peut assigner le civil que devant la juridiction civile. Cette solution jurisprudentielle fondée sur le principe de la distributivité mérite cependant d'être remise en cause et ce, tant au regard de la première phrase

---

[293] Les Tribunaux de commerce sont incompétents concernant la matière agricole qui par principe, demeure une activité civile. Il en va de même concernant l'artisanat et les professions libérales.

[294] L'acte mixte est celui qui est conclu entre un commerçant et une personne non commerçante. Il a par conséquent le caractère d'acte de commerce par nature pour le commerçant, mais demeure un acte civil pour son cocontractant. Ainsi par exemple, la vente au détail est commerciale pour le vendeur et régie par les dispositions du droit civil pour le consommateur qui achète.

[295] Loi n° 2017-24 du 28 juin 2017 art. 7-3, *in fine*.

de l'article 7, al. 3[296] qu'au regard de la « *jurisprudence* » des juridictions commerciales.

Au surplus, les TC connaissent les affaires relatives à l'exécution fondée sur la décision d'une juridiction commerciale ou un acte notarié constituant une garantie en matière commerciale, telle que la saisie immobilière.

Par ailleurs, il importe de faire remarquer qu'en l'espèce, le montant du litige est pris en considération essentiellement pour savoir si l'affaire va être jugée en premier et en dernier ressort. Ce faisant, lorsque le taux du litige n'excède pas dix (10) millions de francs CFA, les TC statuent en premier et dernier ressort[297]. Par contre, lorsque le taux est supérieur à dix (10) millions de francs CFA ou est indéterminé, ils statuent en premier ressort[298].

Dans le même ordre d'idées, le président du TC est juge des référés. À cet effet, il rend des ordonnances sur requête et des ordonnances d'injonction de payer. Il peut prendre également, par voie d'ordonnance, des mesures d'administration judiciaire (ordonner des mesures conservatoires et leurs mainlevées).

Compétence territoriale des TC. – Pour rappel, il s'agit de déterminer le Tribunal de commerce qui sera compétent au regard du lieu de situation géographique du litige. Ici, il faut appliquer les règles du Code de Procédure civile. L'article 35 dudit Code dispose : « *en matière commerciale, le demandeur peut assigner à son choix :*

---

[296] Loi n° 2017-24 du 28 juin 2017 art. 7-3-première phrase : « *(...)* ***des contestations entre toutes personnes****, relatives aux actes de commerce au sens de l'Acte uniforme relatif au droit commercial général (...)* ».

[297] Pas d'appel possible, seule la voie de cassation est admise.

[298] Loi n° 2017 modifiée, art. 8.

- *devant le tribunal du domicile du défendeur ;*
- *devant celui dans le ressort duquel la promesse a été faite et la marchandise livrée ;*
- *devant celui dans le ressort duquel le paiement devait être exécuté* ».

À ce stade, il ne serait pas inutile de souligner que les parties cocontractantes peuvent convenir, à l'avance, de donner compétence à une instance territorialement qualifiée[299]. Il s'agit de la clause attributive de compétence territoriale[300]. Cette clause permet de déroger aux règles normalement applicables ; elle a vocation à définir territorialement la juridiction qui sera compétente. Ainsi, en cas de litige entre les parties, le tribunal compétent sera celui désigné dans le contrat légalement formé et non celui qui devrait, en principe, recevoir compétence au regard du critère territorial.

B. Les Tribunaux de travail (TT)

Les TT sont des juridictions spécialisées en raison de la matière dont la dénomination a survécu à la réforme du 3 novembre 2014. – Son organisation, sa composition et sa compétence n'ont pas été affectées par cette réforme[301].

---

[299] Et même matériellement compétente.

[300] Sa validité est soumise à des conditions en l'absence desquelles elle sera réputée non écrite.

[301] L'organisation et les attributions des TT sont fixées par le Code du travail (articles 229 et suivants). Les TT sont introduits au Sénégal par la loi n° 52-1322 du 15 décembre 1952 instituant le Code du travail des territoires d'Outremer et fonctionnels depuis 1953. Ils ont été conservés par le Code du travail institué par la loi n° 61-34 du 15 juin de 1961, intégrés dans l'organisation judiciaire à la suite du conseil interministériel du 16 novembre en 1976 et depuis lors maintenus par la loi n° 97-17 du 1er décembre 1997 portant l'actuel Code du travail et la nouvelle organisation judiciaire issue de la réforme de 2014 avec les mêmes compétences et une organisation légèrement modifiée.

1. L'organisation des TT

Généralités. – Le Tribunal du travail siège au sein de chaque TGI. Il est composé d'un président, ou, en cas d'empêchement de celui-ci, d'un juge du tribunal du travail, désigné par ordonnance du président de la juridiction[302]/[303]. Aux côtés du président, ou du juge désigné par celui-ci, siègent à l'audience un assesseur travailleur et un assesseur employeur, désignés par le président sur une liste arrêtée pour trois ans renouvelables par le ministre chargé du travail, sur proposition des organisations syndicales les plus représentatives[304].

Les assesseurs apportent leurs expériences des usages et des particularités du monde du travail au magistrat. Leurs fonctions sont gratuites. Elles peuvent cependant donner lieu à des indemnités de déplacement et de séjour dont le montant ne peut être inférieur, pour les travailleurs, à celui des salaires et indemnités qu'ils auraient perçus.

Les fonctions de greffier sont assurées par un secrétaire désigné par arrêté du Garde des Sceaux, ministre de la Justice.

Chaque TT comporte une formation de référé composée du président et du secrétaire du tribunal.

Le TT peut être organisé en sections professionnelles présidées par des magistrats. Par exemple, le tribunal du travail hors classe de Dakar comprend plusieurs sections : section services publics, section commerce, section professions libérales, section TP Bâtiment-agriculture, section industries, section hôtellerie, section transport,

---

[302] CT, art. L. 233 et s.

[303] En cas d'absence ou d'empêchement de tous les magistrats du tribunal du travail, la présidence est assurée par le président du TGI ou par le magistrat du siège délégué par lui.

[304] CT, art. 235.

section contrainte et accidents du travail et section boulangerie.

2. La compétence des TT

Généralités. – La compétence des TT est fixée par le Code du travail qui leur attribue quatre (04) types de litige[305].

D'abord, il y a les litiges individuels entre employeurs et travailleurs[306]. Trois conditions sont requises :

– *il doit s'agir des litiges individuels, c'est-à-dire ayant trait aux droits et obligations d'un salarié ou de plusieurs salariés et non un litige touchant aux intérêts collectifs des travailleurs ;*

– *il faut qu'il s'agisse d'un litige né de la méconnaissance des règles du droit du travail ;*

– *il faut que l'employeur et le travailleur soient unis par un contrat de travail, peu importe la nature du contrat.*

Ensuite, il y a les litiges entre employeurs, à condition que ces litiges ressortissent du droit du travail c'est-à-dire que la qualité d'employeur soit présente[307].

Au surplus, les litiges entre travailleurs à la double condition que ces travailleurs soient liés à une même entreprise et d'autre part que le litige surgisse à l'occasion du travail[308].

Enfin, il y a les litiges entre les institutions de sécurité sociale, leurs bénéficiaires et leurs assujettis. Tous ces

---

[305] Le litige peut aussi survenir lors de l'application de convention collective, du respect des conditions de travail, d'hygiène et de sécurité.

[306] Il est ainsi, des litiges individuels relatifs aux conditions de travail, au salaire, aux licenciements et, de manière générale, au contrat de travail. Un litige individuel de travail est un conflit, un désaccord relatif à un droit ou à un avantage reconnu au travailleur par le droit du travail.

[307] Le litige de débauchage de salarié.

[308] Le litige relatif au partage d'une prime.

litiges peuvent être soumis à la formation de référé en cas d'urgence.

Le TT et la formation de référé peuvent être saisis par déclaration écrite faite au greffe.

Le ministère d'avocat n'est pas obligatoire et les parties peuvent y être représentées ou assistées par un travailleur, un employeur, ou un représentant des centrales syndicales et, exceptionnellement, par un représentant d'un syndicat professionnel justifiant d'un mandat écrit et agréé par le président du tribunal.

Lorsqu'il est saisi, le tribunal procède à une tentative de conciliation et, en cas d'échec de celle-ci, il procède au jugement du litige.

En principe, le tribunal statue en premier et dernier ressort lorsque le taux du litige n'excède pas dix fois le montant mensuel du salaire minimum interprofessionnel garanti, c'est-à-dire jusqu'à trois cent soixante mille francs CFA (jusqu'à 360 000 F CFA) environ. Il statue seulement en premier ressort au-dessus de ce montant.

II. Les juridictions spécialisées en raison de la qualité des personnes

Juridictions spécialisées **ratione personae.** – Ce sont les tribunaux pour enfants (**A**) et la justice militaire (**B**).

A. Les tribunaux pour enfants

La réforme de 2014 n'a pas eu pour conséquence de modifier les règles de compétences pour la justice des mineurs. – En effet, le tribunal de grande instance reste toujours compétent pour statuer comme tribunal pour enfants. Celui-ci aura cependant un ressort qui s'étend, non plus au territoire de la région comme ce fut le cas avant la réforme, mais au ressort du tribunal de grande instance dans lequel il est institué.

Le tribunal pour enfants est présidé par un magistrat, siégeant seul, spécialement désigné par le Président du TGI.

Il peut toutefois recourir aux éducateurs spécialisés et aux assistants sociaux qui ont eu connaissance du mineur. L'instruction et la poursuite y sont assurées respectivement par le juge d'instruction et un membre du parquet du TGI.

Le tribunal pour enfants connaît des contraventions, des délits et des crimes commis par les mineurs, c'est-à-dire les personnes âgées de moins de 18 ans.

Il prononce en principe des mesures de protection, d'assistance, d'éducation et de surveillance du mineur et exceptionnellement des sanctions ou peines exigées par les circonstances et la personnalité du délinquant âgé d'au moins 13 ans.

En dehors de toute infraction, il peut prendre des mesures lorsque le mineur est en danger moral ou physique c'est-à-dire lorsque sa santé, sa sécurité, sa moralité ou son éducation est compromise.

Le tribunal territorialement compétent est celui du lieu de commission de l'infraction, de résidence ou de placement du mineur ou encore du domicile de ses parents.

B. La justice militaire

La justice militaire est instituée par la loi relative au Code de justice militaire[309]**.** – Elle ne connaît que des infractions commises par les personnels militaires et paramilitaires. Elle a une organisation assez spécifique qui ne renvoie pas à une juridiction particulière.

Organisation de la justice militaire. – La justice militaire est rendue par les juridictions de Dakar : la Cour d'appel et le TGI[310]. Ces juridictions prennent la

[309] Loi 94-44 du 27 mai 1994 portant code de justice militaire. JORS n°5602 du 15 octobre 1994, p. 451.

[310] Adaptation de la loi 1994 portant code de justice militaire avec celle de 2014-26, précitée.

dénomination de juridictions ordinaires à formation spéciale, avec une composition échevinale.

En matière contraventionnelle et délictuelle, le TGI de Dakar est compétent pour le jugement des Hommes de troupes, sous-officiers et officiers jusqu'au grade de capitaine inclusivement ainsi que pour le jugement des personnels des corps paramilitaires de grade correspondant.

Pour le jugement des officiers supérieurs ou des personnels des corps paramilitaires de grade correspondant et des officiers généraux, la Cour d'appel de Dakar est compétente.

En matière criminelle, la chambre criminelle près du TGI de Dakar est compétente. La chambre comprend trois (03) magistrats et quatre (04) assesseurs militaires d'un grade au moins égal à celui de l'accusé et, dans ce cas, ils doivent avoir une ancienneté supérieure. Les assesseurs militaires appartiennent à la même arme ou au même service que l'accusé.

Compétence des organes de justice militaire. – Les juridictions chargées de la Justice militaire connaissent des infractions d'ordre militaire et des infractions de droit commun.

Les infractions d'ordre militaire sont inconcevables en dehors de la vie militaire. Il s'agit de l'insoumission, de la désertion, du complot militaire et de façon générale des infractions contre l'honneur ou le devoir militaire.

Les infractions de droit commun ne diffèrent en rien de celles qui sont réalisées par de simples particuliers. Il s'agit de crimes, de délits et de contraventions de toute nature.

Les juridictions ordinaires à formation spéciale statuent en premier et dernier ressort. Les décisions qu'elles rendent ne sont pas susceptibles d'appel. Elles ne peuvent faire l'objet que du pourvoi en cassation devant la Cour suprême.

PARAGRAPHE 3 : Les juridictions d'exception : La Haute Cour de Justice

Qu'est-ce qu'une juridiction d'exception ? – Une juridiction d'exception est une juridiction qui est en marge des institutions judiciaires de droit commun. Elle est créée par un texte spécial avec des règles de procédure, des critères de compétence et une composition spécifiques. C'était le cas avec la *Cour de répression de l'enrichissement illicite*[311] ou encore, pour certains, des *Chambres africaines extraordinaires*[312]. Présentement, comme juridiction d'exception, au Sénégal, nous pouvons citer la Haute Cour de justice.

I. Organisation de la Haute Cour de justice

Généralités sur l'organisation. – La Haute Cour de justice est une juridiction à composition échevinale. Elle comporte en effet des deux catégories de juges : des juges qui sont des magistrats professionnels et des juges qui sont des parlementaires élus par l'Assemblée nationale.

La Cour est présidée par le Premier Président de la Cour suprême avec l'un des Présidents des chambres pénales de ladite Cour et un président suppléant. Elle comporte 8 juges titulaires et autant de juges suppléants qui sont tous des parlementaires élus par l'Assemblée nationale après chaque

[311] Loi n° 2023-14 du 02 août 2023, précitée, art. 2 : « *Est abrogée la loi n° 81-54 du 10 juillet 1981 créant la Cour de Répression de l'Enrichissement illicite (CREI)* ». Au surplus, nous refusons de prêter au PJF, spécialisé dans la répression des crimes et délits économiques ou financiers, l'idée de juridiction.

[312] Même si l'on remettait en cause sa nature de juridiction. Les chambres africaines extraordinaires qui étaient considérées comme une juridiction d'exception n'existent plus puisqu'elles avaient une durée d'existence limitée dans le temps. En effet, elles sont dissoutes de plein droit depuis que les décisions ont été définitivement rendues.

renouvellement de leurs membres. Elle comprend aussi un parquet et une commission d'instruction.

Le Parquet regroupe des magistrats exerçant les fonctions du ministère public. Il est représenté par le procureur général près la Cour suprême qui peut être suppléé par le premier avocat général près ladite Cour. La Commission d'instruction est composée d'un président (le Premier Président de la Cour d'appel de Dakar, suppléé par le Président de la Chambre d'accusation) et de quatre membres titulaires et autant de suppléants désignés parmi les magistrats du siège de la Cour d'appel.

II. Compétence de la Haute Cour de Justice

Généralités sur la compétence. – La compétence de la HCJ se limite à juger les personnalités politiques ayant commis des infractions en relation avec leurs fonctions. En effet la haute Cour de justice est compétente pour juger le Président de la République en cas de haute trahison[313], le Premier ministre et les autres membres du gouvernement coupables de crime ou de délit dans l'exercice de leur fonction ou de complot contre la sûreté de l'État ainsi que leurs complices. Les arrêts de la HCJ ne sont susceptibles d'aucun recours, pas même du pourvoi en cassation.

SECTION 2

LES JURIDICTIONS SUPÉRIEURES

Démarche. – Quatre (04) juridictions vont attirer notre attention. Il s'agit respectivement du Conseil constitutionnel (**Paragraphe 1**), de la Cour suprême (**Paragraphe 2**), de la Cour Commune de Justice et

[313] Seul crime pour lequel le président peut être mis en accusation par le parlement.

d'Arbitrage (**Paragraphe 3**)[314] et de la Cour des comptes (**Paragraphe 4**).

PARAGRAPHE 1 : Le Conseil constitutionnel

Création. - Le Conseil constitutionnel du Sénégal est créé par la loi n° 92-23 du 30 mai 1992, *précitée*. Cette loi est abrogée et remplacée par celle n° 2016-23 du 14 juillet 2016, *précitée*. La présentation du Conseil constitutionnel peut être faite à travers son organisation (**I**) et ses attributions (**II**)[315].

I. L'organisation du Conseil constitutionnel

Précisions. L'organisation du Conseil constitutionnel renvoie à sa composition et à son fonctionnement.

Composition. – Le Conseil constitutionnel comprend sept (07) membres nommés, dont un président, un vice-président et cinq juges[316]. Ces membres sont parfois appelés « *les sept sages* ».

Contrairement aux magistrats des cours et tribunaux qui sont nommés par le président de la République après avis du Conseil supérieur de la magistrature, la nomination des membres du Conseil constitutionnel ne requiert aucun avis.

---

[314] La Cour Commune de Justice et d'Arbitrage (CCJA) est considérée par certains auteurs, à tort ou à raison, comme une juridiction communautaire. Pour notre part, le législateur OHADA n'a prévu nulle part (en tout cas pas à notre connaissance) la possibilité de déférer la décision des Cours suprêmes nationales devant la CCJA. Cela témoigne que le législateur OHADA n'a pas prévu de faire de la CCJA, une juridiction supérieure aux juridictions nationales de cassation.

[315] À l'exclusion de la procédure de saisine du Conseil constitutionnel. Toutefois, l'on peut noter que le Conseil constitutionnel ne peut agir d'office. Il n'exerce ses attributions que s'il est saisi à cet effet. Mais, si le Conseil relève dans la loi contestée ou dans l'engagement international soumis à son examen, une violation de la Constitution qui n'a pas été invoquée, il doit la soulever d'office (Loi organique n° 2016-23 du 14 juillet 2016).

[316] Loi organique n° 2016-23 du 14 juillet 2016, art. 9.

Ils sont nommés par le président de la République[317], sous la seule réserve du respect des conditions requises.

Les membres du Conseil constitutionnel sont choisis parmi certaines personnalités, en activité ou à la retraite[318], qui doivent avoir au moins vingt (20) ans d'ancienneté dans la fonction publique ou vingt (20) ans d'exercice de leur profession[319].

Ces personnalités sont :

- les magistrats ayant exercé les fonctions de Premier président de la Cour suprême, de procureur général près la Cour suprême, de président de chambre à la Cour suprême, de premier avocat général près la Cour suprême, de président de Cour d'appel et de procureur général près une Cour d'appel ;
- les professeurs titulaires de droit ;
- les inspecteurs généraux d'État ;
- les avocats.

Avant d'entrer en fonction, tout membre du Conseil constitutionnel prête serment en audience solennelle publique. Il jure de bien et fidèlement remplir ses fonctions, de les exercer en toute impartialité dans le respect de la Constitution, de garder le secret des délibérations et des votes, de ne prendre aucune position publique et de ne donner aucune consultation à titre privé sur les questions relevant de la compétence du Conseil constitutionnel et de se conduire en tout comme un digne et loyal magistrat[320].

[317] Le Président de la République nomme les membres du Conseil dont deux sur une liste de quatre personnalités proposées par le Président de l'Assemblée nationale.
[318] Exemple de hauts magistrats à la retraite nommés Président du Conseil constitutionnel : Kéba Mbaye, Youssou Ndiaye, Mireille Ndiaye.
[319] Loi organique n° 2016-23 du 14 juillet 2016, art. 4.
[320] Loi organique n° 2016-23 du 14 juillet 2016, art. 7.

La durée du mandat est de six (06) ans non renouvelables[321] ; il ne peut être mis fin aux fonctions des membres du Conseil constitutionnel, avant l'expiration de leur mandat, que sur leur demande, ou pour incapacité physique, et sur l'avis conforme du Conseil[322].

L'indépendance des membres du Conseil constitutionnel, est renforcée par la Constitution de 2001[323]: « *sauf cas de flagrant délit, les membres du Conseil constitutionnel ne peuvent être poursuivis, arrêtés, détenus ou jugés en matière pénale qu'avec l'autorisation du Conseil (...)* ».

En outre, il existe un régime d'incompatibilité. Les fonctions de membre du Conseil constitutionnel sont incompatibles[324] avec :

- la qualité de membre du Gouvernement ou d'un cabinet ministériel, avec l'exercice d'un mandat électif ;
- l'exercice des professions d'avocat, d'officier ministériel, d'auxiliaire de justice et toute activité professionnelle privée ;
- l'exercice de toute autre activité publique doit être autorisé par le Conseil.

Le secrétariat du Conseil est assuré par un greffier en chef nommé par décret. En plus, le Conseil comprend un service d'études et de documentation dirigé par un membre du Conseil nommé par ordonnance du Président du Conseil et d'un service administratif et financier dirigé par un membre du personnel nommé par ordonnance du Président du Conseil.

---

321 Loi organique n° 2016-23 du 14 juillet 2016, art. 3.
322 Loi organique n° 2016-23 du 14 juillet 2016, art. 5.
323 Constitution du Sénégal de 2001, art. 93, al. 1er.
324 Loi organique n° 2016-23 du 14 juillet 2016, art. 6.

Par ailleurs, trois (03) magistrats des Cours et Tribunaux choisis par le président du Conseil peuvent, en tant que de besoin, être désignés pour assister temporairement les membres du Conseil constitutionnel. La durée totale ne peut excéder trois ans.

De même, peuvent également être nommés par décret, sur proposition du Président du Conseil, pour une durée de deux (02) ans renouvelables, sans que leur nombre puisse dépasser trois (03), des enseignants des facultés de droit reconnus pour leur compétence en matière constitutionnelle et totalisant une expérience professionnelle d'au moins cinq (5) ans[325].

Fonctionnement. – Le Conseil ne peut délibérer qu'en présence de tous ses membres, sauf empêchement temporaire de deux d'entre eux au plus, dûment constaté par les autres membres. Si l'un des membres du Conseil, temporairement empêché, est le président, le vice-président assure son intérim. En cas de partage des voix, celle du président est prépondérante[326].

Enfin, il est reconnu au Conseil constitutionnel une autonomie financière avec un compte spécial administré par le président du Conseil. La gestion des crédits du Conseil est, elle aussi, retracée dans une comptabilité spéciale ; les dépenses effectuées échappent, par dérogation, aux règles relatives à la comptabilité de l'État[327].

II. Les attributions du Conseil constitutionnel

Les attributions du Conseil constitutionnel sont fixées par les deux premiers articles de la loi organique de 2016[328].

---

[325] Loi organique n° 2016-23 du 14 juillet 2016, art. 9.
[326] Loi organique n° 2016-23 du 14 juillet 2016, art. 23.
[327] I. Y. NDIAYE, « Le Conseil constitutionnel sénégalais », *op. cit.*, p. 306.
[328] Voir aussi, Constitution du Sénégal de 2001, notamment les articles 41, 52, 74, 92.

Sur le fondement de l'article 1er, le Conseil constitutionnel se prononce sur :

- ♠ la constitutionnalité des lois ;
- ♠ le caractère réglementaire des dispositions de forme législative ;
- ♠ la recevabilité des propositions de loi et amendements d'origine parlementaire ;
- ♠ la constitutionnalité des engagements internationaux ;
- ♠ les exceptions d'inconstitutionnalité soulevées devant la Cour d'appel ou la Cour suprême ;
- ♠ les conflits de compétence entre le pouvoir exécutif et le pouvoir législatif.

Suivant les dispositions de l'article 2 de la loi de 2016, le Conseil constitutionnel :

- ❖ reçoit les candidatures à la Présidence de la République ;
- ❖ arrête la liste des candidats ;
- ❖ statue sur les contestations relatives aux élections du Président de la République, des députés à l'Assemblée nationale et des hauts conseillers et en proclame les résultats ;
- ❖ reçoit le serment du Président de la République et constate sa démission, son empêchement ou son décès ainsi que la démission, l'empêchement ou le décès des personnes appelées à le suppléer dans ces cas ;
- ❖ exerce les compétences qui lui sont dévolues par les articles 51 et 52 de la Constitution ;
- ❖ se prononce sur les questions qui lui sont soumises par le Président de la République en application de l'article 92, alinéa 2 de la Constitution.

Les décisions du Conseil constitutionnel ne sont susceptibles d'aucune voie de recours. Elles s'imposent aux pouvoirs publics et à toutes les autorités administratives et juridictionnelles[329].

PARAGRAPHE 2 : La Cour suprême

Plan. – Le siège de la Cour suprême du Sénégal se trouve à Dakar. Elle est organisée par la loi organique n°2017-09 du 17 janvier 2017, modifiée par la loi 2022-06 du 23 mai 2022[330]. Il convient de présenter l'organisation de la Cour suprême (**I**) puis ses compétences (**II**).

I. L'organisation de la Cour suprême

Précision. – Pour informations, il est créé un Service de Documentation et d'Études de la Cour suprême. Ce service est placé sous l'autorité du premier président et est dirigé par un président de chambre nommé par décret dans les conditions fixées par la loi organique sur l'organisation et le fonctionnement du Conseil Supérieur de la Magistrature. Mais, dans le cadre de cours, l'accent ne sera mis que sur la composition de la Cour suprême et ses formations.

Composition. – La Cour suprême est composée des membres suivants :

✓ *Les juges du siège :* ce sont, par ordre hiérarchique, les magistrats suivants : Le Premier président de la Cour

[329] Constitution du Sénégal de 2001, art. 92, al. 4.

[330] Loi organique n° 2022-16 du 23 mai 2022 modifiant la loi organique n° 2017-09 du 17 janvier 2017 abrogeant et remplaçant la loi organique n° 2008-35 du 08 août 2008 sur la Cour suprême, *JORS*, spécial, n° 7531 du 23 mai 2022, p. 571.

suprême[331], les présidents de chambre, les conseillers[332], les conseillers délégués, les conseillers référendaires[333].

✓ *Le parquet général :* ce sont, par ordre hiérarchique le procureur général, les premiers avocats généraux, les avocats généraux, les avocats généraux délégués et les avocats généraux délégués référendaires ;

✓ *Le greffe :* il est composé du greffier en chef, assisté de greffiers.

✓ *Les auditeurs :* ce sont des magistrats recrutés par voie de concours et affectés au Service de documentation et d'études de la Cour suprême pour une période de 2 ans renouvelables ;

✓ *Les assistants de justice :* ce sont des juristes, titulaires d'un master 2 en droit ou son équivalent, affectés au service de la Cour suprême. Ils sont choisis par le Premier président de la Cour suprême. La durée de leur affectation et les conditions de leur rémunération sont fixées par décret.

À *NOTER* : *Les professeurs titulaires, les professeurs assimilés et les maîtres de conférences titulaires des universités* peuvent être en position de détachement à la Cour suprême.

Formations. – Les formations de la Cour suprême sont les chambres réunies, les chambres et l'Assemblée générale consultative.

---

331 La Cour suprême est placée sous l'autorité de son premier président qui assure la bonne marche de la juridiction, compte tenu des nécessités du service. Il est chargé de l'administration et de la discipline de la Cour.
Il exerce les fonctions d'ordonnateur du budget de la Cour.

332 Ce sont des juges de même grade, c'est-à-dire « hors hiérarchie ». Pour être « hors hiérarchie », il faut avoir été magistrat en exercice pendant au moins 20 ans.

333 Ce sont des juges de grades inférieurs, non encore « hors hiérarchie », affectés à la Cour suprême.

Formations en Chambres réunies. – Elles ont la particularité d'avoir comme membres les présidents et conseillers de toutes les chambres de la Cour suprême (pénale, civile et commerciale, sociale et administrative).

Les chambres réunies sont présidées par le Premier président de la Cour suprême et à défaut, par le plus ancien président de chambre, les présidents de chambre et les conseillers. Les chambres réunies peuvent valablement délibérer si sept (07) de leurs membres sont présents. Elles ont compétence pour statuer sur les requêtes en rabat d'arrêt[334] et les affaires qui leur sont renvoyées par les chambres conformément à l'article54[335].

Le domaine de compétence des chambres réunies est : les recours en cassation contre les décisions de la Cour des Comptes et des organismes administratifs à caractère juridictionnel. La décision de la Cour suprême sur le point de droit jugé par la juridiction dont la décision a été contestée s'impose à cette juridiction.

Formations en Chambres. – Les chambres sont composées chacune d'un président[336], de conseillers et de conseillers délégués ou référendaires[337]. Elles siègent

---

[334] Art. 52 issu de la réforme du 23 mai 2022. C'est lorsque que l'arrêt attaqué rendu par une des chambres permanentes, est entaché d'une erreur de procédure, non imputable à la partie intéressée et qui a affecté la solution donnée à l'affaire par la Cour suprême. L'examen se fera hors la présence des magistrats qui ont connu de l'affaire en cassation.

[335] Par exemple, lorsque, après cassation d'un premier arrêt ou jugement, le second arrêt ou jugement, rendu dans la même affaire et entre les mêmes parties procédant en la même qualité, est attaqué par au moins l'un des moyens formulés contre le premier arrêt ou jugement.

[336] Le premier président répartit les affaires entre les chambres. Chaque chambre est présidée par son président ou, en cas d'absence ou d'empêchement, par le doyen des conseillers qui y sont affectés.

[337] Ces conseillers ont voix consultative dans la chambre à laquelle ils sont affectés.

obligatoirement en nombre impair[338]. Chaque chambre instruit et juge les affaires de sa compétence.

Quand une chambre statue en matière de succession de droit musulman, elle s'adjoint obligatoirement, avec voix consultative, un assesseur choisi parmi les personnes notoirement connues pour leur compétence en droit musulman[339].

La Cour suprême est subdivisée en huit (08) chambres[340] :

♠ *deux (02) chambres pénales* : connaissent des pourvois en cassation en matière pénale ;

♠ *deux (02) chambres civiles et commerciales* : connaissent des pourvois en cassation en matière civile et commerciale ;

♠ *deux (02) chambres sociales* : connaissent des pourvois en cassation en matière sociale (droit du travail et sécurité sociale) ;

♠ *deux (02) chambres administratives* : connaissent, par la voie du recours en cassation, des décisions rendues en dernier ressort par les organismes administratifs à caractère juridictionnel ou par les cours et tribunaux, en matière administrative. Elle est juge en premier et dernier ressort de l'excès de pouvoir des autorités exécutives et de la légalité des actes des collectivités locales. Elle est compétente, en dernier ressort, dans les contentieux des inscriptions sur les listes électorales et des élections aux conseils des collectivités locales. De manière générale, elle juge tous les contentieux qui lui sont dévolus par le code électoral.

---

338 Les chambres siègent à cinq (05) magistrats au moins.

339 Cette adjonction est facultative dans toutes les autres matières relevant du Code de la Famille.

340 Art. 8 issu de la réforme du 23 mai 2022.

Assemblée générale consultative. – Elle est présidée par le premier président de la Cour suprême, à défaut et dans l'ordre, par le procureur général, un président de chambre ou un premier avocat général[341].

Sont membres de l'Assemblée générale consultative de la Cour suprême, la totalité des membres de la Cour suprême, des personnalités qualifiées dans les différents domaines de l'activité nationale, les conseillers en service extraordinaire[342], les commissaires du gouvernement[343] et le commissaire spécial du gouvernement[344].

Le premier président peut inviter les professeurs titulaires et professeurs assimilés et les maîtres de conférences titulaires des universités en position de détachement à la Cour suprême ainsi que les auditeurs à assister à l'Assemblée générale consultative.

II. La compétence de la Cour suprême

La Cour suprême a une compétence consultative et une compétence juridictionnelle.

Compétence consultative. – La Cour suprême réunie en assemblée générale, a compétence pour donner un avis motivé sur la légalité des projets de loi, des projets de décret et des propositions de lois et ce, sur demande du Président

---

[341] Loi organique 2017-09 du 17 janvier 2017, art. 16, al. 1er.

[342] Ce sont des personnalités qualifiées dans différents domaines, désignées par décret sur proposition du premier président de la Cour, pour une période d'un an renouvelable. Leur nombre ne peut excéder vingt (20).

[343] Il s'agit de personnes qualifiées, désignées par le Président de la République pour représenter le pouvoir exécutif et fournir à l'assemblée toutes indications utiles. Les commissaires du gouvernement n'ont pas voix délibérative.

[344] À ne pas confondre avec le commissaire du gouvernement, généralement le secrétaire général du gouvernement, désigné tous les deux ans par le Président de la République.

de la République, du président de l'Assemblée nationale ou du Gouvernement.

Le premier président peut décider qu'une affaire, au lieu d'être examinée par l'Assemblée générale consultative, sera renvoyée à une commission spéciale de l'assemblée présidée par l'un des magistrats de la Cour. L'avis de la commission tient lieu de délibération de l'assemblée générale.

Compétence juridictionnelle. – Sous réserve des matières relevant de la compétence d'attribution d'autres juridictions, la Cour suprême se prononce sur les pourvois en cassation[345]. Plus précisément, elle connaît de toutes les décisions rendues en dernier ressort par les juridictions du fond (les juridictions du 1er et du 2d degré).

Elle n'est pas un 3e degré de juridiction car elle est juge du

droit, non-juge du fait. Elle contrôle l'application et l'interprétation correcte de la loi par les cours d'appel et les tribunaux qui ont statué en dernier ressort.

La Cour se prononce également sur les pourvois en cassation pour incompétence de la juridiction ayant statué, de la violation de la loi (erreur de droit, fausse application de la loi, erreur manifeste dans la qualification juridique des faits) et de la violation de la coutume (dans les cas où la loi fait référence à la coutume).

La Cour suprême a le choix entre un arrêt de rejet et un arrêt de cassation. L'arrêt de rejet approuve l'arrêt d'appel et met définitivement fin au procès. L'arrêt d'appel acquiert

---

[345] Loi organique 2017-09 du 17 janvier 2017, art. 1er : *des jugements et arrêts rendus en dernier ressort par toutes les juridictions ; des décisions définitives des organismes administratifs à caractère juridictionnel ; des décisions émanant des conseils d'arbitrage des conflits du travail ; des décisions du président du tribunal d'instance relatives au contentieux des inscriptions sur les listes électorales et des décisions de la Cour des comptes* ».

ainsi l'autorité définitive de la chose jugée. L'arrêt de cassation annule la décision de la juridiction d'appel.

Dans les affaires simples où le point de droit règle la question de fond, la Cour suprême peut casser et statuer.

Au surplus, la Cour suprême est juge, en premier et dernier ressort, de l'excès de pouvoir et de la légalité ; en appel, dans le contentieux de l'élection des membres des assemblées autres que l'Assemblée nationale.

Elle se prononce, en outre, sur les demandes de prise à partie, les exceptions d'inconstitutionnalité, le contentieux des inscriptions sur les listes électorales des membres des assemblées autres que l'Assemblée nationale, les contrariétés de décisions, les demandes en révisions et les demandes en renvoi d'une juridiction à une autre.

Commissions juridictionnelles de la Cour suprême. – Il est créé des commissions juridictionnelles rattachées à la Cour suprême chargées d'une part de statuer sur les demandes d'indemnité présentées par les personnes ayant fait l'objet d'une décision de détention provisoire et qui ont bénéficié d'une décision définitive de non-lieu, de relaxe ou d'acquittement et d'autre part de statuer sur les recours formés par les officiers de police judiciaire ayant fait l'objet d'une décision de suspension ou de retrait d'habilitation.

PARAGRAPHE 3 : La Cour Commune de Justice et d'Arbitrage (CCJA)

La CCJA est l'institution juridictionnelle de l'Organisation pour l'harmonisation en Afrique du droit des affaires (OHADA)[346]**.** – Elle a son siège à Abidjan

[346] L'OHADA a été créée par le Traité relatif à l'Organisation pour l'Harmonisation en Afrique du Droit des Affaires, signé le 17 octobre 1993 à Port-Louis et révisé à Québec au Canada, le 17 octobre 2008. À ce jour, elle compte dix-sept (17) États membres que sont : le Bénin, le Burkina Faso, le Cameroun, la Centrafrique, la Côte d'Ivoire, le Congo, les Comores, le Gabon, la Guinée, la Guinée-Bissau, la Guinée-Équatoriale, le Mali, le Niger,

(Côte d'Ivoire). Installée depuis 1998, elle assure dans les États Parties[347] une cohérence dans l'interprétation et l'application du Traité fondateur ainsi que des règlements pris pour son application, des actes uniformes et des décisions[348]. La présentation de ses attributions (**II**) suivra celle de la composition de la CCJA (**I**).

I. La composition de la CCJA

Conditions d'éligibilité des juges de la CCJA. – La Cour est composée de treize (13) juges[349] élus pour un mandat de sept ans non renouvelables par le Conseil des ministres, sur une liste de candidats présentée par les États Parties.

Chaque État Partie peut présenter deux candidats au plus. Pour être éligible, il faut être ressortissant d'un des États Parties, la Cour ne pouvant comprendre plus d'un ressortissant du même État. Ces juges sont choisis parmi :

- les magistrats ayant acquis une expérience professionnelle d'au moins quinze années et réunissant les conditions requises pour l'exercice dans leurs pays respectifs de hautes fonctions judiciaires ;

---

la République Démocratique du Congo (RDC), le Sénégal, le Tchad et le Togo.

[347] À ce jour, l'OHADA compte dix-sept (17) États membres que sont : le Bénin, le Burkina Faso, le Cameroun, la Centrafrique, la Côte d'Ivoire, le Congo, les Comores, le Gabon, la Guinée, la Guinée-Bissau, la Guinée-Équatoriale, le Mali, le Niger, la République Démocratique du Congo (RDC), le Sénégal, le Tchad et le Togo.

[348] Traité de l'OHADA, art. 14, al. 1.

[349] Il résulte de l'art. 31 du Traité de l'OHADA que la CCJA est composée de neuf (09) juges. Toutefois le Conseil des ministres peut, compte tenu des nécessités de service et des possibilités financières, fixer un nombre de juges supérieur à celui prévu à l'alinéa précédent. C'est à cet effet que le Conseil des ministres a élevé à treize (13) le nombre de Juges, par Décision N° 04/2014/CM/OHADA du 24 juillet 2014, entrée en vigueur depuis le 10 avril 2015.

♠ les avocats inscrits au Barreau de l'un des États parties, ayant au moins quinze années d'expérience professionnelle ;

♠ les professeurs de droit ayant au moins quinze années d'expérience professionnelle.

NB. : La Cour ne peut comprendre plus d'un ressortissant du même État et ne peut comprendre plus de deux avocats ou professeurs de droit.

Statut des juges de la CCJA. – Une fois élus, les juges de la CCJA sont inamovibles. Aucun membre de cette haute juridiction ne peut exercer des fonctions politiques ou administratives. L'exercice de toute activité rémunérée doit être autorisé par ladite Cour.

II. Les attributions de la CCJA

Triple mission. – La CCJA est dotée d'une mission consultative, arbitrale et juridictionnelle.

Compétence consultative de la CCJA. - La CCJA peut être saisie par tout État Partie, le Conseil des ministres ou les juridictions nationales[350] pour donner son avis sur les projets d'Actes uniformes, l'interprétation et l'application des Actes uniformes.

Compétence de centre d'arbitrage de la CCJA. – La CCJA joue un rôle spécifique en matière d'arbitrage institutionnel. Elle est un centre d'arbitrage. À ce titre, elle est chargée d'assurer le bon déroulement des procédures d'arbitrage organisées sous son égide. Elle assure des attributions d'administration des arbitrages pour le bon déroulement de l'arbitrage lorsque le litige est soumis à la procédure d'arbitrage CCJA.

---

[350] Quand elles doivent traiter une affaire portant sur un Acte uniforme.

La CCJA est une Cour de justice qui a compétence pour accorder l'exequatur aux sentences arbitrales. Elle est d'ailleurs seule compétente pour accorder ou refuser l'exequatur aux sentences arbitrales[351]. L'exequatur confère un caractère exécutoire à la sentence arbitrale dans tous les États membres.

Dès lors, une question s'impose : *quelle est la différence entre un centre d'arbitrage et un tribunal arbitral ?*

Un tribunal arbitral est une instance juridictionnelle privée et tranche de manière définitive des différends, alors qu'un Centre d'arbitrage veille au bon déroulement des arbitrages organisés sous son égide. Ce faisant, ce Centre nomme ou confirme les arbitres, mais aussi est informé du déroulement des instances et examine les projets de sentences.

Compétence juridictionnelle de la CCJA. – La CCJA assure la fonction « *de 3e degré de juridiction* » sur toutes les affaires qui soulèvent des questions relatives aux Actes uniformes[352].

Elle a compétence exclusive pour connaître des recours en cassation exercés contre les décisions rendues en appel par les juridictions nationales sur des matières relevant des Actes uniformes de l'OHADA. Néanmoins, la CCJA ne peut connaître, par voie de recours en cassation, des affaires qui, bien que soulevant des questions relatives à l'application des Actes uniformes et des Règlements prévus

---

[351] Traité de l'OHADA, art. 25.

[352] F. ONANA ETOUNDI, « Grandes tendances jurisprudentielles de la cour commune de justice et d'arbitrage en matière d'interprétation et d'application du droit OHADA 1997-2010) », Coll. Pratique et contentieux de droit des affaires, éd. spéc., octobre 2011, p. 25.

au Traité, concernent des décisions appliquant des sanctions pénales[353].

Le contentieux relatif à l'application de ces Actes uniformes est réglé en première instance et en appel par les juridictions des États Parties[354].

Ainsi, la CCJA peut être directement saisie d'un recours en cassation par l'une des parties suite à une décision rendue en appel[355]. Elle peut être également saisie sur renvoi des juridictions suprêmes nationales statuant en cassation sur une affaire qui soulève des questions relatives aux Actes uniformes[356].

Une autre question s'impose : *quel est le sort d'une décision rendue par une juridiction nationale statuant en cassation dans un contentieux portant sur un acte uniforme OHADA ?* Si, après avoir été saisie par une des parties, « la Cour décide que cette juridiction s'est déclarée compétente à tort, la décision rendue par cette juridiction est réputée nulle et non avenue »[357].

Saisie par la voie du recours en cassation[358], la CCJA peut casser les décisions rendues par les juridictions de fond des États parties, évoquer les affaires en cause et statuer à

---

[353] CCJA, Arrêt n° 053/2012 du 07 juin 2012, pourvoi n°059/2009/PC du 19 juin 2009 cité par Th. A. NDIOGOU, *La responsabilité pénale des dirigeants de sociétés commerciales dans l'espace OHADA*, Thèse, UCAD, 2016, pp. 281 et s ; voir aussi Th. A. NDIOGOU, « Leurre et lueur sur l'incompétence de la CCJA dans le contentieux répressif OHADA, Observations sous CCJA, 2e Ch., arrêt n° 03/2018 du 11 janvier 2018 », in Recueil LGA, 2018, n° 1.

[354] Traité de l'OHADA, art. 13.

[355] Traité de l'OHADA, art. 19 : La procédure devant la CCJA est contradictoire. Le ministère d'un avocat est obligatoire. L'audience est publique.

[356] Traité de l'OHADA, art. 15.

[357] Traité de l'OHADA, Art. 18, al. 3.

[358] Traité OHADA, art. 14, al. 3.

nouveau. Elle se transforme ainsi en un 3e degré de juridiction[359].

L'évocation apparaît donc comme un moyen efficace dont dispose la CCJA pour élargir sa saisine et accéder à une plénitude de juridiction sur l'affaire[360]. Elle occupe la même situation que si elle avait été saisie directement et entièrement de l'affaire par voie de transmission de pièces[361].

La juridiction qui évoque « *se trouve dans la situation du maître ou du père de famille qui, mécontent du travail de l'élève prend sa place pour le refaire entièrement, ou l'achever avec plus de savoir ou d'autorité. Il évoque pour terminer l'affaire et rendre lui-même la décision qui s'impose* »[362].

L'on constate donc que la CCJA se substitue en cas de cassation aux juridictions nationales de fond, tel que c'est le cas pour le pourvoi en cassation. Le pouvoir d'évocation ainsi institué en droit OHADA est un instrument de réduction de la compétence des juridictions nationales de fond et par ricochet un trait de la supranationalité de la CCJA[363].

Pour conclure avec la CCJA, notons que ses arrêts ont l'autorité de la chose jugée et la force exécutoire. Ils reçoivent sur le territoire de chacun des États membres une

---

[359] Traité OHADA, art. 14, al. 5.

[360] B. DIALLO, « Réflexion sur le pouvoir d'évocation de la CCJA dans le cadre du traité de l'OHADA », *Penant* n° 858, janvier-mars 2007, p. 6.

[361] Sur les critiques du pouvoir d'évocation de la CCJA, voir Th. A. NDIOGOU, *La responsabilité pénale des dirigeants de sociétés commerciales dans l'espace OHADA*, Thèse, FSJP-UCAD, 2016, p. 273 et s.

[362] J. GUYENOT, « Le pouvoir de révision et le droit d'évocation de la chambre d'accusation », *RSC* 1964, n° 3, p. 561.

[363] D. ABARCHI, « La supranationalité de l'organisation pour l'harmonisation en Afrique du droit des affaires (OHADA) » *Rev. Internationales de droit africain*, EDJA, n° 4, 2000, p. 57.

exécution forcée dans les mêmes conditions que les décisions juridiques nationales. Dans une même affaire, aucune décision contraire à un arrêt de la CCJA ne peut faire l'objet d'une exécution forcée sur le territoire d'un État Partie[364].

PARAGRAPHE 4 : La Cour des comptes

Genèse – aménagements. – Instituée par la Loi organique 99-70 du 17 février 1999[365] en application du Traité de l'UEMOA[366], la Cour des comptes du Sénégal est une institution supérieure sénégalaise de contrôle des finances publiques[367] ; son siège se trouve à Dakar.

Cependant, à la pratique, il a été relevé dans la loi organique 99-70 des insuffisances de nature à compromettre les objectifs assignés à l'institution[368]. C'est ainsi qu'il a été jugé nécessaire de procéder à la refonte de

---

[364] Traité de l'OHADA, art. 20.

[365] Cette innovation s'était traduite par le vote de la Loi constitutionnelle n° 99-02 du 29 janvier 1999 et de la loi organique n° 99-70 du 17 février 1999 sur la Cour des comptes, *JORS*, n° 5845 du 20 février 1999, p. 795.

[366] Afin d'assurer la fiabilité des données budgétaires nécessaires à l'organisation de la surveillance multilatérale des politiques budgétaires, chaque État membre a le choix soit de recourir au contrôle de la Cour des comptes de l'UEMOA, soit d'instituer une Cour des comptes nationale offrant toutes les garanties de transparence et d'indépendance.

[367] En 1960, une institution de contrôle des finances publiques avait été mise en place. Elle constituait la troisième section de la Cour suprême. En 1992, avec la réforme des institutions judiciaires, la fonction de juge des comptes était confiée à la deuxième section du Conseil d'État.

[368] Extrait de l'exposé des motifs de la Loi organique n° 2012-23 du 27 décembre 2012 ci-dessous : « Celles-ci apparaissent tant au niveau de son organisation et de ses procédures que de ses rapports avec les autorités exécutives et les personnes physiques ou morales soumises à son contrôle. De plus, certaines de ses dispositions demeurent assez imprécises dans leur énonciation, tandis que d'autres alourdissent inutilement les procédures mises en œuvre ».

cette loi en 2012[369]. Une fois les missions précisées (**I**), l'organisation (**II**) et les attributions (**III**) de la Cour des comptes
seront déclinées.

I. Les missions de la Cour des comptes

Juger et assister. – La Cour des comptes a pour mission de juger les comptes des comptables publics et d'assister le Président de la République, le Gouvernement et le Parlement, dans le contrôle de l'exécution des lois de finances.

Informer et conseiller. – Elle contribue, par son action permanente de vérification, d'informations et de conseils, « *à la sauvegarde du patrimoine public, à la transparence et la sincérité de la gestion des finances publiques, à l'amélioration des méthodes et techniques de gestion des organismes publics et des entreprises du secteur public, à l'évaluation des politiques et programmes publics et à la rationalisation de l'action administrative* ».

S'assurer de la régularité des opérations et, le cas échéant, de réprimer. – De même, la Cour des comptes s'assure de la régularité des opérations de recettes et de dépenses des organismes contrôlés et, le cas échéant, réprime les manquements aux règles qui régissent lesdites opérations. En outre, elle vérifie et apprécie le bon emploi des crédits, fonds et valeurs, ainsi que la gestion de l'ensemble des organismes soumis à son contrôle.

Établir un rapport public annuel. – À la fin de chaque année, la Cour établit un rapport public général qui reprend les principales observations qu'elle a faites dans l'année et

[369] Loi organique n° 2012-23 du 27 décembre 2012 abrogeant et remplaçant la loi organique n° 99-70 du 17 février 1999 sur la Cour des comptes, *JORS*, n° 6711 du 2 février 2013, p. 67. Les modalités d'application de ce texte sont précisées par le décret n°2013-1449 du 13 novembre 2013.

les mesures préconisées pour remédier aux manquements, anomalies et dysfonctionnements relevés. Elle peut également dans le cadre de ses contrôles établir des rapports publics sur des entités, des thèmes particuliers ou des secteurs déterminés.

Contrôler. – Les contrôles dévolus à la Cour des Comptes visent d'abord à promouvoir l'obligation de rendre compte ; ensuite, à déceler toute irrégularité ou infraction par rapport aux normes juridiques et de gestion en vigueur de manière à permettre, dans chaque cas, de prendre les corrections nécessaires, d'engager la responsabilité des personnes en cause, d'obtenir réparation ou de décider des mesures propres, pour l'avenir, à éviter la répétition de tels actes ; et enfin, de mesurer les performances réalisées dans la gestion des services et organismes publics.

II. L'organisation de la Cour des comptes

Composition, fonctionnement et statut des magistrats de la Cour des comptes. – Le nombre de magistrats constituant la Cour des comptes est fixé par décret ; elle est composée des membres suivants :

➢ *Les juges du siège :* ce sont, par ordre hiérarchique, le premier président[370], les présidents de chambre, les conseillers maîtres, les conseillers référendaires et les conseillers.

Les emplois que les magistrats de la Cour des comptes ont vocation à occuper sont : Premier Président, Président

[370] Le premier président de la Cour est nommé par décret pour une durée de cinq (5) ans renouvelables une fois. Il préside l'audience plénière solennelle, les chambres réunies et les organes consultatifs. Il peut, en outre, présider les audiences des chambres ou des commissions internes. Il assure la direction générale de la Cour, organise et coordonne ses travaux. Il est assisté d'un secrétaire général choisi parmi les magistrats de la Cour et nommé par décret.

de chambre, secrétaire général, Chef de section et Rapporteur.

Les magistrats du siège de la Cour sont placés sous l'autorité administrative du Premier Président. Il est assisté par le secrétaire général dans l'administration et la gestion de la Cour des comptes. Le secrétaire général dirige, sous l'autorité du premier président, les services administratifs et techniques ainsi que le greffe central.

Relativement au *greffe central*, il est composé du greffier en chef, assisté de greffiers. Le greffier en chef reçoit les comptes des comptables publics et avise le Procureur général de tout retard accusé dans leur production à la Cour.

➢ *Le parquet général :* ce sont, par ordre hiérarchique, le Procureur général, le premier avocat général et les avocats généraux.

Les magistrats du parquet relèvent de l'autorité hiérarchique du Procureur général près la Cour des comptes.

Scolie sur la Loi organique n° 2016-26 du 05 août 2016 abrogeant et remplaçant la loi organique n° 99-13 du 17 février 1999 fixe le statut des magistrats de la Cour des comptes[371]**.** – Cette loi a pour objet d'énoncer les principes généraux qui régissent le déroulement de la carrière des magistrats de la Cour des comptes, les règles d'organisation, d'administration et de recrutement du corps qui leur sont applicables ainsi que leurs droits et devoirs. Elle précise également la composition et les attributions du Conseil supérieur de la Cour des comptes.

Les membres de la Cour des comptes ont la qualité de magistrats. Ils sont inamovibles[372]. Toutefois, cette inamovibilité ne fait pas obstacle au pouvoir du Premier

---

[371] *JORS*, n° 6958 du 20 août 2016, p. 1155.

[372] Loi organique n° 2012-23 du 27 décembre 2012, at. 5.

Président de la Cour de modifier leur affectation au sein de l'institution, conformément à l'article 21 de la loi organique n° 2012-23 du 27 décembre 2012[373].

Ils ne peuvent, en dehors de leurs fonctions, être requis pour d'autres services publics hormis le service militaire. Toute disposition réglementaire nouvelle prescrivant la participation des magistrats de la Cour à des travaux d'organismes ou de commissions extérieures à la Cour sera soumise préalablement à l'avis du Premier Président de la Cour[374]. L'accès au corps des magistrats de la Cour des comptes s'effectue par voie de concours, sous le respect d'un certain nombre de conditions[375].

Nominations au tour extérieur. – Cependant, des nominations par décret, au tour extérieur peuvent avoir lieu dans les grades de conseiller maître et de conseiller-référendaire.

Ce recrutement s'effectue dans la limite du tiers de l'effectif de chaque grade. Ainsi, le Premier Président de la Cour peut proposer à la nomination directe,

- *au grade de conseiller référendaire :* les fonctionnaires ou agents non fonctionnaires de l'État, des collectivités territoriales ou de tout autre organisme public de hiérarchie au moins égale à Al ou assimilés, comptant au moins douze (12) ans dans ladite hiérarchie ;

---

[373] Loi organique n° 2016-26 du 05 août 2016, art. 5, al. 2.

[374] Loi organique n° 2016-26 du 05 août 2016, art. 8.

[375] Loi organique n° 2016-26 du 05 août 2016, art. 9 : « *nul ne peut avoir accès au corps des magistrats de la Cour des comptes, s'il ne réunit les conditions suivantes : être citoyen sénégalais, jouir de ses droits civiques et être de bonne moralité, se trouver en position régulière au regard des lois sur le recrutement de l'armée, remplir les conditions physiques exigées pour l'exercice de la fonction, être fonctionnaire ou agent non fonctionnaire de l'État, des collectivités territoriales ou de tout autre organisme public, magistrat ou militaire ayant au moins cinq ans d'ancienneté dans la hiérarchie A1, A - spécial ou assimilé* ».

- *au grade de conseiller-maître :* les fonctionnaires ou agents non fonctionnaires de l'État, des collectivités territoriales ou de tout autre organisme public de hiérarchie au moins égale à Al ou assimilés et comptant au moins vingt (20) ans dans ladite hiérarchie.

Recrutement de rapporteurs particuliers ou d'assistants de vérification. – La Cour peut disposer *de rapporteurs particuliers ou d'assistants de vérification*, affectés dans les chambres par ordonnance du premier président de la Cour et dont les conditions de recrutement, de service et de rémunération sont fixées par décret[376].

Ces assistants ou rapporteurs ont pour mission de participer aux travaux de vérification des comptes et au contrôle sur place et sur pièces, sous la direction et la responsabilité des magistrats rapporteurs.

Ils ne peuvent exercer à la Cour aucune activité juridictionnelle. Ils sont assujettis au secret professionnel et bénéficient de la même protection que les magistrats dans l'exercice de leurs missions.

Formations de la Cour de comptes. – Les formations de la Cour des comptes sont : l'audience plénière solennelle[377], les chambres réunies[378], la chambre de discipline

[376] Pour plus de précisions, voir le Décret n° 2018-06 du 3 janvier 2018 fixant les conditions de recrutement, de service et de rémunération des assistants de vérification de la Cour des comptes.

[377] Lorsqu'elle siège en audience plénière solennelle, c'est pour recevoir le serment des magistrats et procéder à leur installation dans leurs fonctions, ou pour d'autres motifs sur un ordre du jour particulier arrêté par le premier président. Y assistent l'ensemble des magistrats du siège et du parquet. Le greffier en chef y tient le registre des délibérations. En cas d'absence, il est suppléé par un greffier de chambre.

[378] La Cour de comptes siège en chambre réunie pour formuler des avis sur les questions importantes de procédure ou de jurisprudence ; pour juger les affaires qui lui sont déférées par le premier président de la Cour ; pour adopter le texte du rapport public général annuel ; pour approuver les projets de budget de la Cour, etc. Elles sont, en outre, saisies par le premier président de

financière[379] et les autres chambres[380]. En cas de besoin, des sections peuvent être constituées à l'intérieur de chaque chambre. La Cour comprend, en outre, le comité des rapports et des programmes et la conférence des présidents et du Procureur général.

III. Les attributions de la Cour des comptes

Compétences de la Cour des comptes. – Tout d'abord, faisons observer que la Cour des comptes dispose d'un droit de communication. C'est un droit qui l'autorise à se faire communiquer tous documents ou informations utiles relatifs à la gestion soumise à son contrôle. Le secret professionnel n'est pas opposable aux magistrats et rapporteurs de la Cour. Ils ont un droit d'accès direct et permanent au sein des organismes où ils sont en mission. Sous le bénéfice de cette observation, notons que la Cour des comptes a quatre (03) fonctions principales :

---

la Cour, à l'occasion des affectations des magistrats au sein des différentes chambres ou pour la création de sections dans les chambres.

[379] La Cour exerce une fonction juridictionnelle en matière de discipline financière. Cette attribution est dévolue à la chambre de discipline financière devant laquelle sont déférés les présumés auteurs des faits visés à l'article 57 de la Loi organique n° 2012-23, précitée.

Ont qualité pour saisir la chambre de discipline financière, par l'organe du Procureur général près la Cour des comptes, sans préjudice de ses pouvoirs de poursuites : le Président de la République, le Président de l'Assemblée nationale, le Premier ministre, le ministre chargé des Finances et le premier président de la Cour des comptes.

[380] Chambre des affaires budgétaires et financières, Chambre de discipline financière, Chambre des entreprises publiques, Chambre des Affaires administratives, Chambre des Collectivités territoriales. Si nous prenons l'exemple de la Chambre des Collectivités territoriales, elle a pour compétence de contrôler le fonctionnement des villes, des communes et des conseils départementaux en partant du régime financier des collectivités territoriales de 1966 (Décret 66-510) au Code des collectivités locales de 2013.

Fonction de juger les comptes des comptables publics. – La Cour juge les comptes en premier et dernier ressort. Toutefois, les intéressés peuvent demander à la Cour la révision d'un arrêt définitif[381]. Tout arrêt définitif rendu par une chambre peut également, sur le pourvoi du comptable, du ministre chargé des Finances, des ministres concernés, du Procureur général près la Cour des Comptes ou du représentant légal de l'organisme dont dépend le comptable, être soumis à cassation pour cause d'incompétence, de vice de forme ou de violation de la loi. Ce pourvoi est formé dans les conditions fixées par la loi organique sur la Cour suprême. Si la cassation est prononcée, l'affaire est renvoyée devant les chambres réunies de la Cour des comptes[382].

Fonction de contrôle non juridictionnel. – Ce contrôle vise à apprécier la qualité de la gestion et à formuler, éventuellement, des suggestions sur les moyens susceptibles d'en améliorer les méthodes et d'en accroître l'efficacité et le rendement. Ce contrôle englobe tous les aspects de la gestion.

La Cour apprécie la réalisation des objectifs assignés, l'adéquation des moyens utilisés, les coûts des biens et services produits, les prix pratiqués et les résultats financiers ainsi que l'impact sur l'environnement.

Le contrôle porte également sur la régularité et la sincérité des comptabilités ainsi que sur la matérialité des

---

[381] Par exemple, le comptable ou ses héritiers en produisant des pièces justificatives retrouvées depuis ledit arrêt ou même la Cour pour cause d'erreur, d'omission, de faux ou de double emploi reconnus par la vérification d'autres comptes ou encore à la demande du Procureur général, du ministre chargé des Finances ainsi que des représentants des collectivités locales et établissements publics concernés (Loi organique n° 2012-23, art. 38).

[382] Loi organique n° 2012-23, art. 39.

opérations qui y sont décrites[383]. En aucun cas, ce contrôle ne peut permettre une ingérence dans la gestion des entités contrôlées.

La fonction juridictionnelle en matière de discipline financière. – La Chambre de discipline financière sanctionne directement les responsables de fautes de gestion, sans préjudice des poursuites pénales[384]. Ses décisions sont revêtues de la formule exécutoire et doivent être publiées au JORS. Elles ne sont pas susceptibles d'appel mais peuvent faire l'objet de pourvoi en révision devant les chambres réunies de la Cour des comptes ou de pourvoi en cassation devant la Cour suprême.

Il convient enfin de s'interroger sur le personnel judiciaire (**Titre 3).**

---

[383] À cet effet, la Cour s'assure que les systèmes et procédures notamment budgétaires, comptables et informatiques mis en place dans les organismes soumis à son contrôle garantissent la gestion optimale de leurs ressources et leur emploi, la protection de leur patrimoine et l'enregistrement de toutes leurs opérations (Loi organique n° 2012-23, art. 43, al. 3).

[384] Loi organique n° 2012-23, art. 50 : « *La Cour exerce une fonction juridictionnelle en matière de discipline financière. Cette attribution est dévolue à la chambre de discipline financière devant laquelle sont déférés les présumés auteurs des faits visés à l'article 57 de la présente loi organique* ».

TITRE 3

LE PERSONNEL JUDICAIRE

Identification. – Pour que les juridictions puissent effectivement fonctionner et que la justice soit rendue, un personnel abondant et varié est indispensable que l'on appelle d'un terme très général, le « *personnel judiciaire* »[385].

Ce personnel se répartit en deux (02) catégories bien distinctes. D'emblée, on pense aux magistrats. Ce sont ceux qui sont investis du pouvoir de juger ou encore, s'il s'agit du ministère public, de défendre les intérêts de la loi devant les juridictions. Mais, il ne faut pas oublier d'autres personnes que l'on a coutume d'appeler les auxiliaires de justice qui, malgré ce terme modeste, apportent leur concours à l'administration de la justice de façon extrêmement efficace en aidant les plaideurs et aussi parfois le juge lui-même.

Plan. – On étudiera donc successivement le personnel magistrat (**Chapitre 1**) puis le personnel non-magistrat (**Chapitre 2**)

[385] Ou les « gens de justice ».

CHAPITRE 1

LE PERSONNEL MAGISTRAT

Terminologie. – Le corps judiciaire comprend les magistrats de la Cour suprême, de l'administration centrale du ministère de la Justice et des cours et tribunaux[386].

Le terme « *magistrat* » est générique, et beaucoup plus large que celui de juge. Il concerne, d'une part, les magistrats du siège ou « *magistrats assis* » qui exercent la fonction de juger (ces magistrats sont des juges)[387]; d'autre part, les magistrats du parquet ou « *magistrat debout* » dont la fonction est de requérir, c'est-à-dire de demander l'application de la loi[388] (les magistrats du parquet ne sont pas des juges).

À RETENIR : *Le magistrat est la personne qui exerce la profession de rendre la justice ou de requérir l'application d'une peine au nom de l'État.*

À RETENIR : *Tous les juges sont des magistrats, mais tous les magistrats ne sont pas des juges.*

---

[386] Loi organique n° 2017-10 du 17 janvier 2017, *précitée*, art 2.

[387] Ce sont les juges qui tranchent de manière définitive les litiges qui leur sont soumis ou qui instruisent les dossiers qui leur sont transférés. Lors des audiences, ils restent assis. D'où leur désignation par le vocable « magistrature assise ».

[388] Ils forment le ministère public et représentent la société au nom de laquelle ils requièrent l'application de la loi pénale à l'encontre du délinquant (CPP, art. 23). Ils font leur réquisitoire debout d'où leur appellation de « magistrature debout ».

Vue d'ensemble. – En vertu du principe d'unité, les magistrats de l'ordre juridictionnel, qu'ils soient du siège ou du parquet appartiennent au même corps (**Section 1**), alors qu'ils sont chargés de fonctions très différentes (**Section 2**).

SECTION 1
L'UNICITÉ DE LA MAGISTRATURE

Généralités. – Des règles identiques s'appliquent aux magistrats du siège et du parquet, concernant l'accès à la magistrature (**Paragraphe 1**) et leur statut (**Paragraphe2**).

PARAGRAPHE 1 : L'accès à la magistrature

Approche. – Deux questions méritent d'attirer notre attention : les voies d'accès à la magistrature (**I**) et la nomination des magistrats (**II**).

I. Les voies d'accès à la magistrature

Diversités des voies d'accès. – L'accès à la magistrature est organisé en principe sous forme de concours. Il existe cependant d'autres modes de recrutement des magistrats : le recrutement sur titre et à titre temporaire.

Recrutement sur concours. – Il y a deux types de concours[389] : le concours direct et le concours professionnel.

Le recrutement sur concours direct est ouvert aux étudiants de nationalité sénégalaise âgés de moins de 40 ans au plus au premier janvier de l'année du recrutement, et titulaire au moins d'un diplôme de master, de *maîtrise ès* sciences juridiques ou d'un diplôme admis en équivalence,

---

[389] Il s'agit d'un mode de recrutement par lequel les candidats subissent des épreuves (écrites et orales) portant sur les matières enseignées dans les facultés de droit.

remplissant les conditions générales d'accès à la Fonction publique[390]. Le recrutement sur concours professionnel est ouvert aux agents de l'État âgés de 53 ans au plus au premier janvier de l'année du concours, titulaires au moins d'un diplôme de master, de maîtrise ès sciences juridiques ou d'un diplôme admis en équivalence et totalisant cinq (05) années de services effectifs dans une hiérarchie au moins égale à B[391].

Le concours de la magistrature est organisé par le Centre de Formation judiciaire (CFJ)[392] qui est chargé d'assurer la formation professionnelle des futurs magistrats, les auditeurs de justice[393], ainsi que l'information et le perfectionnement des magistrats en poste[394].

Les candidats déclarés admis sont appelés « auditeurs de justice » [395] et suivent une formation de deux (02) ans au CFJ, composée de cours théoriques et de stages dans les juridictions[396]. En revanche, une formation continue est assurée aux magistrats en exercice.

---

[390] Décret n° 2019-413, précité, art. 33, Section 2.- Dispositions communes aux concours (« I. Section « magistrature ».

[391] *Ibidem.*

[392] Le CFJ est placé sous la tutelle technique du ministère chargé de la Justice et la tutelle financière du ministère chargé des finances (Décret n° 2019-413 portant création du Centre de Formation judiciaire [CFJ] et fixant ses règles d'organisation et de fonctionnement, art. 1er).

[393] La Loi organique n° 2017-10 du 17 janvier 2017, précitée, art 36.

[394] L'on pense aussi à l'ERSUMA. En particulier, l'ERSUMA est chargée d'assurer la formation et le perfectionnement des magistrats et des auxiliaires de justice des états membres de l'OHADA en droit harmonisé et en droit des affaires.

[395] Ce sont les magistrats élèves du Centre de formation judiciaire.

[396] Ils subissent un examen de sortie sanctionné par un brevet attestant qu'ils ont acquis les qualités professionnelles requises pour accéder à la magistrature. Les auditeurs sont recrutés dans le corps des magistrats comme suppléants ou stagiaires avant d'être titulaires des Cours et Tribunaux.

Recrutement sur titre. – C'est un recrutement qui permet d'intégrer dans la magistrature des personnes ayant déjà exercé des activités professionnelles dans les secteurs de la vie juridique et qui, à un certain moment, souhaitent se reconvertir pour devenir des magistrats, après avis du Conseil supérieur de la Magistrature.

Les personnes concernées par ce mode de recrutement sont énumérées par la loi. Il s'agit des administrateurs des greffes et des greffiers en chef titulaires d'une maîtrise, d'un master en droit ou d'un diplôme équivalent, ayant exercé leur profession depuis dix (10) années au moins[397].

De même, les conseillers à la Cour suprême et les avocats généraux près la Cour suprême peuvent être choisis parmi les professeurs titulaires des facultés de sciences juridiques et politiques comptant vingt-cinq années d'exercice effectif de la profession ou de carrière dans les services publics[398].

Peuvent également être nommés en qualité de conseiller délégué ou d'avocat général délégué, les avocats comptant vingt-cinq années d'exercice effectif de leur profession[399].

Recrutement à titre intérimaire. – Ce mode de recrutement permet de faire face au manque de personnel magistrat en faisant assurer le service par un intérimaire lorsque le nombre des magistrats disponibles dans une juridiction ne permet pas de combler toutes les vacances d'emploi. Le magistrat intérimaire est choisi parmi les magistrats des Cours et Tribunaux selon qu'il est du siège ou du parquet par le premier président ou le procureur général de la Cour d'appel du ressort de ladite juridiction[400].

---

[397] Loi organique n° 2017-10 du 17 janvier 2017, précitée, art. 40, al. 2.
[398] La Loi organique n° 2017-10 du 17 janvier 2017, précitée, art 70, al. 2.
[399] La Loi organique n° 2017-10 du 17 janvier 2017, précitée, art 71, al. 2.
[400] L'intérim ne saurait dépasser une période de six (06) mois. Voir La Loi organique n° 2017-10 du 17 janvier 2017, précitée, art 91, al. 2.

Cependant, les fonctionnaires ou agents non-fonctionnaires de l'État, des collectivités territoriales ou de tout autre organisme public, recrutés en qualité de conseiller-référendaire ou de conseiller-maître près de la Cour des comptes, peuvent accéder au corps des magistrats de la Cour des comptes par décret, après avis du Conseil supérieur de la Cour des comptes[401].

La prestation de serment est précédée de la déclaration par les membres de la Cour des comptes, par écrit et sur l'honneur, des biens meubles ou immeubles composant leur patrimoine ainsi que ceux de leur conjoint et de leurs enfants mineurs. La déclaration est confidentielle, le Président de la Cour étant le seul à pouvoir en faire état. Elle est déposée au secrétariat général de la Cour des comptes. Toute modification significative affectant le patrimoine doit aussitôt faire l'objet d'une déclaration complémentaire[402].

II. La nomination

Nomination et affectation. – Les magistrats du corps judiciaire sont nommés sur proposition du Garde des Sceaux, Ministre de la Justice, par Décret du Président de la République. Conformément à leur souhait, ils sont affectés à un poste[403] après avis du Conseil supérieur de la magistrature[404]. Cette règle est valable aussi bien pour les nouveaux magistrats que ceux qui sont en service puisque tout magistrat a vocation à être nommé, au cours de sa

---

[401] Loi organique n° 2016-26 du 05 août 2016 abrogeant et remplaçant la loi organique n° 99-13 du 17 février 1999 portant statut des magistrats de la Cour des comptes, JORS, n° 6958 du 20 août 2016, art. 10 et s.

[402] Loi organique n° 2016-26 du 05 août 2016, précitée, art. 28.

[403] Indifféremment au « siège » ou au « parquet ». Par exemple, au parquet, le poste de début est celui de substitut.

[404] Loi organique n° 2017-10 du 17 janvier 2017, *précitée*, art. 4.

carrière, à des fonctions du siège, du parquet ou de l'administration centrale du ministère de la Justice.

Prestation de serment et installation. – Tout magistrat nommé à son premier poste doit prêter serment en audience solennelle devant la cour d'appel à laquelle il est affecté[405] : un serment qui ne se confond pas avec celui qu'il a déjà prêté en tant qu'auditeur de justice et qui est libellé de la manière suivante : « *Je jure de garder scrupuleusement le secret professionnel et de me conduire, en tout, comme un digne et loyal auditeur de justice* »[406].

Toutefois, pour le magistrat directement nommé à la Cour suprême, le serment est prêté devant cette juridiction. Le serment prêté de vive voix est constaté par un procès-verbal signé du premier président de la cour qui l'a reçu et du greffier audiencier. Une expédition est classée dans le dossier administratif du magistrat. En cas de nécessité, le magistrat peut être installé après avoir, s'il y a lieu, prêté serment par écrit. Ensuite, lors d'une audience solennelle dans leur juridiction d'affectation, le magistrat doit être « *installé* » dans ses fonctions.

Il est introduit devant tous ses collègues : le greffier lit le décret de nomination et le procès-verbal de prestation de serment. Le président invite, en conséquence, son nouveau collègue à prendre place parmi les membres de la juridiction.

---

[405] Loi organique n° 2017-10 du 17 janvier 2017, *précitée*, art. 9 ou Loi organique n° 2016-26 du 05 août 2016, *précitée*, art. 29 : « *Je jure de bien et loyalement remplir mes fonctions de magistrat, de les exercer en toute impartialité dans le respect de la Constitution et des lois de la République, de garder scrupuleusement le secret des délibérations et des votes, de ne prendre aucune position publique, de ne donner aucune consultation à titre privé sur les questions relevant de la compétence des juridictions et d'observer, en tout, la réserve, l'honneur et la dignité que ces fonctions imposent* ».

[406] Loi organique n° 2017-10 du 17 janvier 2017, *précitée*, art. 38.

PARAGRAPHE 2 : Le statut de la magistrature

Idée générale. – La fonction de magistrat, comme nous l'avons fait remarquer, ne peut être exercée sainement que dans des conditions d'impartialité et d'indépendance[407]. Ce statut lui confère des garanties d'indépendance qui lui permettent de juger dans la sérénité requise (**I**). En contrepartie, son statut lui impose certaines obligations professionnelles (**II**).

I. Les garanties d'indépendance

Inamovibilité. – Pour bénéficiers d'une pleine indépendance, la Constitution du Sénégal et la loi sur le statut de la magistrature ont protégé les magistrats du siège contre tous risques de mutation ou de ralentissement dans le déroulement de sa carrière, dus à l'arbitraire du pouvoir exécutif. C'est la règle de l'inamovibilité des magistrats du siège (*déjà étudiée*).

En revanche, cette règle n'est pas accordée aux magistrats du parquet dès lors qu'ils ne jugent pas et qu'ils sont dépendants du pouvoir hiérarchique émanant du Garde des Sceaux, Ministre de la Justice. C'est ce qui explique que ce dernier « *peut dénoncer au Procureur général les infractions à la loi pénale dont il a connaissance, lui enjoindre d'engager ou de faire engager les poursuites, ou de saisir la juridiction compétente de telles réquisitions écrites que le ministre juge opportunes* »[408].

Avancement. – Par ailleurs, la notion d'indépendance du magistrat ne semble pas être incompatible avec celle de hiérarchie de la magistrature[409]. Sous ce prisme

---

[407] Sur les limites à l'indépendance de la Justice, voir S. TELIKO, « *L'indépendance de la justice au Sénégal* », in *Les Cahiers de la Justice*, 2019/3, n° 3, pp. 483 à 495.

[408] CPP, art. 28.

[409] Décret n° 2020-613 du 02 mars 2020 portant application de la loi organique n° 2017-10 du 17 janvier 2017 portant statut des magistrats.

d'appréciation, se trouvent au sommet de l'organisation pyramidale les « *magistrats hors hiérarchie* » que sont les conseillers à la Cour de cassation, les premiers présidents et procureurs généraux des Cours d'appel, ainsi que les présidents et procureurs de la République des tribunaux de grande instance.

Par exemple, les magistrats de la Cour suprême, des cours d'appel et les chefs des juridictions hors classe ou de première classe sont nommés parmi les magistrats hors hiérarchie les plus anciens et, en cas de nécessité parmi les magistrats du premier grade en qualité d'intérimaire.

Outre les magistrats placés hors hiérarchie, la hiérarchie du corps judiciaire comprend deux grades[410]. Les grades comportent chacun des échelons franchis périodiquement à l'ancienneté[411].

Le nombre d'échelons dans chaque grade[412], leur périodicité ainsi que le traitement y afférent sont déterminés par décret[413]. Le passage du second au premier grade est subordonné à l'inscription au tableau d'avancement[414].

II. Les obligations professionnelles

Interdictions. – La loi interdit aux juges et aux magistrats, sous peine de sanction disciplinaire, de se livrer à certaines activités qui seraient de nature à troubler le bon fonctionnement du service public de la justice.

---

[410] La notion de « *grade* » correspond à une position administrative laquelle correspond à une fonction, c'est-à-dire un poste effectif.

[411] Décret n°2020-613 du 02 mars 2020, précité, art. 2.

[412] Loi organique n° 2017-10 du 17 janvier 2017, *précitée*, art 3, al. 1er.

[413] *Ibid.*, art. 76 et 86.

[414] *Ibid.*, art. 81 : « *L'avancement des magistrats comprend l'avancement d'échelon et l'avancement de grade.*
L'avancement des magistrats au premier grade n'est dû :
- qu'au choix après avis du Conseil supérieur de la magistrature ;
- après deux (02) années de service effectif au cinquième échelon du deuxième grade ».

Ainsi, « *ils ne peuvent ni se constituer en syndicat, ni exercer le droit de grève* »[415].

Également, il leur est « *interdit d'entreprendre une action concertée de nature à arrêter ou entraver le fonctionnement des juridictions ou d'y participer* »[416], tels que défilé dans les couloirs du Palais, heure d'audience différée.

Encore, « *les magistrats, même en position de détachement, n'ont pas le droit d'adhérer à un parti politique et toute manifestation politique leur est interdite* »[417/418].

Cette interdiction doit être comprise. Comme tous les citoyens, les magistrats conservent intégralement leurs droits de nature politique. Cela va de soi : les magistrats, ne sont pas des citoyens diminués. Notamment, ils peuvent participer aux élections politiques, en exerçant leur droit de vote.

Mais, la loi ne veut pas que le magistrat, en cette qualité, prenne des positions publiques de partisan dans le cadre d'une activité politique militante. De plus, il leur est interdit de traiter dans les médias des sujets autres que ceux d'ordre professionnel ou technique.

Incompatibilités. – Elles empêchent d'exercer simultanément
deux professions dont on estime que l'une nuirait à l'autre. Mieux, le régime des incompatibilités sert à contribuer à ce que le magistrat n'exprime aucun parti-pris et ne favorise aucun intérêt particulier dans leurs décisions.

Alors, la fonction de magistrat est absolument incompatible avec toute autre activité professionnelle

[415] Loi organique n° 2017-10 du 17 janvier 2017, précitée, art 14, al. 4.
[416] Loi organique n° 2017-10 du 17 janvier 2017, *précitée*, art 14, al. 5.
[417] *Ibid.*, art 14, al. 1er.
[418] Sauf s'il est membre du gouvernement (ministre, secrétaire d'État).

publique ou privée[419], commerciale ou industrielle, salariée ou non, et avec tout mandat électoral[420]. Des dérogations individuelles peuvent être accordées aux magistrats par décision du Garde des Sceaux, Ministre de la Justice, pour enseigner ou pour exercer des fonctions ou des activités qui ne seraient pas de nature à porter atteinte à la dignité du magistrat et à son indépendance. Ils peuvent également, sans autorisation préalable, se livrer à des travaux scientifiques, littéraires ou artistiques ».

Incapacité. – La loi a prévu des cas d'incapacités de juger, là où peuvent exister des risques d'atteintes à son indépendance et à l'impartialité de son jugement. Certaines incompatibilités sont prévues au regard des liens de parenté ou d'alliance pouvant exister entre magistrats[421], ou entre magistrat et auxiliaire de justice.

C'est pourquoi, comme nous l'avons fait observer, le juge peut s'abstenir de juger et se faire remplacer en se « *déportant* ». De même, les plaideurs peuvent récuser un juge. Si la récusation est fondée, le juge doit être remplacé.

En revanche, si la récusation n'est pas fondée, une amende civile pourra être infligée à l'acteur de la récusation ainsi que des dommages-intérêts. Si la juridiction entière est suspecte, il y aura alors renvoi devant une autre juridiction « *pour cause de suspicion légitime* ».

Devoirs professionnels. – La prestation de serment lui impose de garder le silence et le secret absolus concernant les délibérations. De plus, le magistrat ne doit pas porter atteinte à l'honneur à la dignité de sa fonction aussi bien dans sa vie professionnelle que dans sa vie privée.

---

[419] *Ibid.*, art 11.

[420] Qu'il s'agisse d'un mandat parlementaire (national ou communautaire) ou d'un mandat local.

[421] Loi organique n° 2017-10 du 17 janvier 2017, précitée, art 12 : conjoint, père et mère, frère, sœur, oncle et neveu.

Il est soumis non seulement à une obligation d'impartialité[422] mais aussi à une obligation de réserve : il doit s'abstenir de tout propos politique à l'encontre du gouvernement comme toute manifestation d'hostilité au principe ou à la forme du gouvernement[423].

Interrogeons-nous à présent sur la dualité de la magistrature.

SECTION 2
LA DUALITÉ DE LA MAGISTRATURE

Cohabitation. – Aux côtés de la magistrature assise qui juge, se trouve la magistrature débout qui ne juge pas[424], mais qui a pour mission de veiller au respect de la loi, au maintien de l'ordre public, de la paix sociale et de poursuivre en justice ceux qui commettent des infractions et troublent cet ordre[425]. Alors, s'il y a une unité des règles relatives au recrutement, à l'avancement, aux obligations professionnelles, à la responsabilité, aux sanctions des magistrats, il existe néanmoins une dualité de fonctions exercées (**Paragraphe 1**) et de statut applicable (**Paragraphe 2**).

[422] Être impartial consiste à ne pas laisser ses préjugés, ses idées préconçues, ses valeurs culturelles ou ses croyances religieuses influencer son jugement. Il s'agit également de ne pas favoriser une personne ou un point de vue pour des raisons d'amitié, de proximité (appartenance à la même religion, à la même confrérie, au même groupe social…) ou par intérêt.
[423] Ibid., art. 14, al. 2.
[424] La magistrature debout, encore une fois, requiert une peine. C'est ce que l'on appelle le parquet.
[425] B. ANGIBAUD, *Le parquet*, PUF, « Que sais-je ?», 1999 ; J. VOLFF, *Le ministère public*, PUF, « Que sais-je ? », 1998.

PARAGRAPHE 1 : Une dualité de fonctions exercées

Les Parquets sont constitués dans les juridictions de droit commun[426], mais peuvent néanmoins exercer leurs fonctions devant des juridictions d'exception ou spécialisées[427]. Il existe une égalité de grade entre les magistrats du siège et ceux du parquet, et une possibilité au fil de la carrière de passer de la magistrature assise dans les fonctions. Les magistrats du parquet ont deux types d'attributions : certaines sont judiciaires (**I**), d'autres non judiciaires (**II**).

I. Les attributions judiciaires

Vue d'ensemble. – Ces attributions sont différentes selon que l'on se trouve dans le contentieux[428] civil ou pénal. Mais ensuite, il faut faire quelques précisions sur le contentieux administratif.

Dans le contentieux civil. – L'intervention du ministère public peut se faire en qualité de partie principale ou de partie jointe. Le ministère public est partie jointe lorsqu'il n'est ni demandeur ni défendeur à l'instance. Il fait simplement connaître son avis sur la solution à apporter au litige, par voie de réquisition[429]. Le ministère public intervient également par voie d'action comme partie

---

[426] Pour les notions « juridictions de droit commun » et *« juridictions d'attribution »*, voir *infra*.

[427] Loi n° 2017-24 du 28 juin 2017, précité, art. 16 : Par exemple devant le tribunal de commerce.

[428] Le mot « contentieux », est l'adjectif tiré du langage administratif, caractérisant une procédure destinée à faire juger un litige entre un usager d'un service public et l'État. En procédure civile le mot désigne toutes procédures destinées à faire juger par un tribunal de la recevabilité et du bien-fondé des prétentions opposant une ou plusieurs personnes à une ou plusieurs autres. Le contraire de « matière contentieuse » est « matière gracieuse ».

[429] Il prend la parole en dernier, et il ne peut exercer les voies de recours.

principale : il est alors partie au procès et peut exercer les voies de recours[430].

Dans le contentieux pénal. – Le ministère public joue un rôle essentiel pour la mise en mouvement et l'exercice de l'action publique[431]. Il est toujours partie principale. Il appartient au parquet de décider ou non du déclenchement des poursuites selon le principe de l'opportunité des poursuites[432]. Il peut le faire par citation directe[433], par comparution rapide[434] ou saisir le juge d'instruction au moyen d'un réquisitoire introductif d'instance[435].

Pendant l'instruction, si des éléments nouveaux apparaissent, il peut prendre un réquisitoire supplétif. En fin d'instruction, il fait connaître au juge d'instruction la suite

---

[430] Le ministère public peut agir par voie d'action principale dans l'intérêt de toute personne physique lésée qui serait inapte d'ester en justice, à assurer sa défense et à y pourvoir. Selon la doctrine, les « personnes physiques lésées et inaptes » à ester en justice, sont des citoyens socialement et économiquement faibles et dont les droits doivent être protégés par un agent public. Il s'agit des personnes non forcément frappées d'incapacité pour requérir la constitution d'une tutelle ou d'un conseil permanent. Voir M. RASSAT, *Le ministère public entre son passé et son avenir*, LGDJ, Paris, 1967.

[431] CPP, art. 32 al. 1 : « *Le Procureur de la République reçoit les plaintes et les dénonciations et apprécie la suite à leur donner* » ; CPP, art. 32 al. 2 : « *Toute autorité constituée, tout officier public ou fonctionnaire qui, dans l'exercice de ses fonctions, acquiert la connaissance d'un crime ou d'un délit, est tenu d'en donner avis sans délai au Procureur de la République et de transmettre à ce magistrat tous les renseignements, procès-verbaux et actes qui y sont relatifs* ».

[432] Le Procureur de la République procède ou fait procéder à tous les actes nécessaires à la recherche et la poursuite des infractions à la loi pénale (CPP, art. 33). Toutefois, il peut décider de classer une affaire sans suite. Dans ce cas, le plaignant a la possibilité de mettre l'action publique en mouvement en se constituant partie civile (CPP, art. 32 *in fine*).

[433] BATIFFOL H., « La citation directe », *Rev. CLJ.*, 1930, p. 472.

[434] CPP, art. 63 et 381 à 385.

[435] Le procès-verbal d'enquête, ou tout autre document pouvant justifier l'ouverture de l'information, est généralement annexé au réquisitoire introductif.

à donner à l'affaire au moyen d'un réquisitoire définitif. Il dispose également du monopole de l'exercice de l'action publique au stade du jugement où il requiert. Enfin, il peut exercer toutes les voies de recours.

IMPORTANT. *– Toute action portée devant les juridictions et tendant à faire déclarer l'État du Sénégal créancier ou débiteur doit, sauf exception prévue par la loi, être intentée à peine de nullité par ou contre l'Agent judiciaire de l'État[436]. À ce titre, l'Agent judiciaire de l'État[437] est chargé de la saisine des parquets compétents pour les infractions commises au préjudice de l'État[438] ; de l'exercice des poursuites, pour le recouvrement des créances de l'État étrangères aux impôts et aux domaines[439] et du suivi du déroulement des procès, de l'orientation de la défense et de la décision de l'opportunité de l'exercice de voies de recours.*

II. Les attributions extrajudiciaires

Diversités. – En qualité de représentant de la société, les attributions extrajudiciaires du ministère public sont très nombreuses. Le ministère public exerce un rôle de surveillance et de contrôle en matière d'état civil, de

---

[436] Toutes les affaires contentieuses où l'État est parti dans les instances judiciaires ou arbitrales nationales et internationales.

[437] *Exemple 1 - Nomination d'un avocat* : le 4 novembre 2020, Me Moussa Bocar THIAM, avocat, est nommé Agent judiciaire de l'État par le Président de la République. Il remplace au poste Monsieur Antoine Félix Abdoulaye DIOME, qui a été nommé ministre de l'Intérieur et de la Sécurité publique. *Exemple 2 - Nomination d'un magistrat :* Le 7 février 2013, Mme Aïssé Gassama TALL, Magistrat, était nommée Agent judiciaire de l'État, en remplacement de M. Abdoulaye DIANKO.

[438] Notamment en matière de détournement de deniers publics, vol et escroquerie.

[439] Dans ce cas, elle peut émettre des titres de perception ayant force exécutoire.

nationalité, des prisons, des officiers de police judiciaire, etc.

Exemple de choix. – L'exercice des fonctions de police judiciaire implique des atteintes aux libertés individuelles. C'est la raison pour laquelle le législateur sénégalais a organisé des mécanismes de contrôle de la police judiciaire par les autorités judiciaires. Ainsi, la police judiciaire est placée sous la direction du procureur de la République, sous la surveillance du Procureur général près les Cour d'appel et sous le contrôle de la chambre d'accusation[440]. Il va sans dire que dans l'exercice de ses fonctions l'OPJ peut voir sa responsabilité (disciplinaire[441], civile[442] ou pénale[443]) engagée.

PARAGRAPHE 2 : Une dualité de statut applicable

Manifestation. – Cette dualité se manifeste au regard de l'indépendance (**I**) et de la discipline (**I**).

[440] Dans le cadre de ce contrôle la chambre d'accusation est saisie soit par le procureur général ou par son président ; elle peut même se saisir d'office à l'occasion de l'examen d'une procédure.

[441] Les fonctionnaires de la police judiciaire sont avant tout des membres de la fonction publique. À ce titre, ils peuvent faire l'objet de sanctions disciplinaires de la part de leurs supérieurs hiérarchiques.

[442] Lorsqu'ils commettent des fautes civiles dans l'exercice de leurs fonctions dans les conditions du droit commun (COCC, art. 118).

[443] Selon l'article 216 du Code de procédure pénale, si la chambre d'accusation estime que l'officier de police judiciaire a commis une infraction à la loi pénale (séquestration arbitraire, torture, corruption, etc.), elle ordonne en outre la transmission du dossier au Procureur général. La procédure à suivre est réglée par les articles 661 et suivants du code de procédure pénale. La Chambre d'Accusation prononce s'il y a lieu le renvoi devant la Cour d'appel composée de cinq magistrats au moins qui est seule compétente pour statuer sur le crime commis par l'Officier de police judiciaire.

I. Au regard de l'indépendance

Rappel. – Les magistrats du siège jouissent de certaines garanties. En effet, ils sont indépendants et ne peuvent recevoir d'ordre ; ils sont également inamovibles et non substituables[444].

À l'inverse, les magistrats du Parquet sont placés sous l'autorité du Garde des Sceaux, Ministre de la Justice. Ils sont intégrés dans une structure très hiérarchisée et chaque magistrat est placé sous la direction et le contrôle de son chef hiérarchique.

Les magistrats du parquet sont régis par des règles statutaires qui présentent des spécificités par rapport à la condition des magistrats du siège[445]. Ils sont amovibles et interchangeables[446]. Par ailleurs, si l'on peut récuser un magistrat du siège, il est impossible de le faire à l'égard d'un magistrat du parquet dès lors qu'il intervient en qualité de partie principale au procès.

Subordination relative. – Néanmoins, cette subordination n'est pas absolue. À preuve, le magistrat du parquet est tenu de prendre « *des réquisitions écrites conformes aux instructions qui lui sont données* »[447]. Mais, « *à l'audience leur parole est libre* »[448] ; d'où l'adage « *La plume est serve mais la parole est libre* »[449].

---

[444] Ce qui signifie que les magistrats qui ont assisté aux débats doivent juger et eux seuls.

[445] Le ministère public est ainsi caractérisé par la hiérarchie, l'indivisibilité l'irresponsabilité et le caractère irrécusable.

[446] Ce qui signifie qu'au cours d'audiences successives un procureur peut être remplacé par son substitut, dans la mesure où le ministère public est indivisible.

[447] CPP, art. 25, al. 1er.

[448] CPP, 25, al. 2.

[449] Oralement le magistrat du parquet peut s'exprimer avec une relative liberté et dire ce qu'il n'a pu écrire.

II. Au regard de la discipline

Faute disciplinaire. – L'inobservation des obligations légales peut entraîner des sanctions à l'encontre des magistrats défaillants tant du siège que du parquet. La définition de la faute est entendue très largement puisqu'elle englobe « *tout manquement par un magistrat aux devoirs de son état, à l'honneur, à la délicatesse ou à la dignité de ses fonctions* »[450].

Conseil de discipline. – Suivant les dispositions de l'article 10 de la loi de 2017 sur Conseil supérieur de la Magistrature[451] :

> « *Le Conseil de discipline, statuant sur le cas d'un magistrat du siège, est présidé par le premier président de la Cour suprême. Le Conseil de discipline, saisi, doit statuer dans le délai de deux mois à compter de sa saisine. Lorsqu'il statue sur le cas d'un magistrat du parquet, de l'administration centrale, en position de détachement ou de disponibilité, le Conseil de discipline est présidé par le procureur général près la Cour suprême. Le conseil de discipline statue hors la présence du Président de la République et du ministre de la Justice* ».

Les décisions du conseil de discipline sont susceptibles de recours[452].

[450] Loi organique n° 2017-10 du 17 janvier 2017, *précitée*, art 18.
[451] Loi organique n° 2017-11 du 17 janvier 2017, *précitée*, art 10.
[452] *Ibid.*, art. 18 : « *Le Conseil de discipline délibère à huis clos. Sa décision doit être motivée. Le magistrat mis en cause peut exercer un recours devant la Cour suprême, hors la présence des magistrats de ladite cour ayant connu de l'affaire, conformément aux délais prescrits* ».

Sanctions disciplinaires. – Les sanctions applicables sont le blâme, la réprimande avec inscription au dossier, le déplacement d'office, le retrait de certaines fonctions, l'interdiction temporaire de fonctions pour une durée de trois (03) mois à un (01) an, l'interdiction temporaire d'exercer les fonctions de juge unique pour une durée d'un (01) à cinq (05) ans, l'abaissement d'échelon, la rétrogradation, la mise à la retraite d'office ou l'admission à cesser ses fonctions lorsque le magistrat n'a pas droit à une pension de retraite et la révocation avec ou sans suspension de droits à pension[453].

Quid du personnel non-magistrat (***Chapitre 2***) ?

[453] *Ibid.*, art. 20.

CHAPITRE 2

LE PERSONNEL NON-MAGISTRAT

Apporter leur concours aux juges et/ou aux parties. – Un certain nombre de personnes sont appelées à intervenir pour le règlement judiciaire du litige. Il est hors de propos d'en faire une étude exhaustive[454] ; seuls quelques-uns qui assistent directement le juge dans sa fonction de dire le droit

[454] Seront exclus notamment :

- *Les administrateurs de biens d'autrui* sont des personnes chargées par décision de justice d'administrer les biens d'autrui ou d'exercer des fonctions d'assistance ou de surveillance dans la gestion de ces biens. Dans l'exercice de leurs fonctions, ils sont contrôlés en permanence par les tribunaux qui les désignent.
- *Les commissaires-priseurs* sont des officiers ministériels chargés de procéder à l'estimation et à la vente volontaire ou forcée aux enchères publiques des meubles et effets mobiliers corporels (souvent sur saisie après jugement).
- *Les inspecteurs de l'éducation surveillée et de la protection sociale* exercent notamment, les fonctions de contrôle et d'encadrement des personnels de la Direction de l'Éducation surveillée et de la Protection sociale et de toutes les institutions publiques ou privées recevant ou hébergeant des mineurs. Ils instruisent et suivent, également, toutes les affaires relatives à la création et à la construction d'établissements recevant des enfants en situation de vulnérabilité. Les éducateurs spécialisés ont, quant à eux, pour mission d'accueillir et de suivre les mineurs et jeunes majeurs en conflit avec la loi.
- Les interprètes judiciaires assurent les fonctions d'interprète dans les différentes juridictions. Ils concourent au fonctionnement des juridictions.
- *L'inspecteur général des services judiciaires* est un magistrat nommé au ministère de la Justice avec pour mission d'exercer sous l'autorité du garde des Sceaux la mission permanente d'inspection de juridiction de l'ordre judiciaire à l'exception de la Cour suprême.

applicable (**Section 1**) et/ou les plaideurs (**Section 2**), retiendront notre attention.

SECTION 1

LES AUXILIAIRES DU JUGE

Assistance du juge. – Il est trop évident que le juge, seul, pourrait difficilement assumer les charges qui sont les siennes s'il n'était pas assisté par des personnes susceptibles de l'aider dans l'exercice de ses fonctions. On pense d'emblée aux services du greffe sans lesquels une juridiction ne pourrait pas fonctionner (**Paragraphe 1**). Mais, il faut y ajouter d'autres personnes qui, de façon plus éphémère, peuvent être appelées à apporter leur concours au juge : notamment les officiers de police judiciaire (OPJ) et les experts judiciaires (**Paragraphe 2**).

PARAGRAPHE 1 : Les services du greffe

Composants. – Comme nous l'avons fait remarquer plus haut, toute juridiction a besoin d'une infrastructure administrative pour faire face à la multitude des tâches matérielles qu'implique le fonctionnement d'une juridiction. L'ensemble des services administratifs forme ce que l'on appelle le greffe. Celui-ci est animé par des fonctionnaires de justice soumis à un statut particulier. Il existe en plus des greffiers (**I**), un corps de fonctionnaires de justice[455] institué par le décret n° 2010-707 du 10 juin 2010[456] : les administrateurs des greffes[457] (**II**).

I. Les greffiers

Recrutement. – Les greffiers sont recrutés par voie de concours direct et professionnel. Sont recrutés par voie de concours direct, les candidats de nationalité sénégalaise âgés de 33 ans au plus au premier janvier de l'année du concours et titulaires de la licence ou d'un diplôme admis en équivalence, remplissant les conditions générales d'accès à la Fonction publique.

Le concours professionnel est ouvert aux agents de l'État âgés de 53 ans au plus au premier janvier de l'année du concours et totalisant au moins cinq (05) années de services effectifs dans la hiérarchie B. Les candidats déclarés admis suivent au CFJ pendant deux (02) ans une formation sanctionnée par le Certificat de Formation et de Perfectionnement administratif (CFPA) ; puis, ils sont désignés par arrêté du Garde des Sceaux, Ministre de la Justice, pour assurer les fonctions de greffier.

Attributions judiciaires. – Dans les juridictions, les greffiers exercent quotidiennement des tâches variées au niveau de l'ensemble des services. Leur mission est, à

---

[455] Décret n° 2011-509 MFPE/DGFP/DELC/DEL du 12 avril 2011 portant statut particulier du cadre des fonctionnaires de la justice, *JORS*, n° 6619 du samedi 22 octobre 2011.

[456] Ce décret portant réforme du CFJ, a pour ambition de répondre aux besoins en formation des acteurs du système judiciaire ; à ce titre, il innove en créant : - une sous-section « *administrateurs des greffes* » ; - une sous-section « *inspecteurs de l'éducation surveillée et de la protection sociale* » et « *éducateurs spécialisés* » ouvertes aux titulaires d'une maîtrise ; - une sous-section « *interprètes judiciaires* », et « *assistants des greffes et parquets* » réservée aux titulaires du baccalauréat.

[457] Le corps de greffier en chef est en extinction.

quelques exceptions près, la même[458]. Il s'agit pour ce fonctionnaire de la justice de procéder à la tenue de registres de plumitif[459] et autres répertoires, de l'ouverture et à la clôture du dossier, à la délivrance des actes de justice, à l'accueil, à l'orientation et à l'information des justiciables, etc.

Le greffier a un rôle très important car il est le garant de l'authenticité des déclarations et des actes des parties au procès. L'absence du greffier à l'audience ou une décision qu'il ne contresigne pas constitue un vice de procédure. Cette difficile tâche requiert pour le greffier une grande attention durant la procédure du fait que ses écrits font foi jusqu'à inscription de faux[460]. Il est en outre grâce à son statut le principal interlocuteur du justiciable.

Ces attributions varient également selon la nature, la taille de l'organisation du travail au sein de la juridiction. Cela se manifeste au niveau de l'organisation du travail au sein de la « *chaîne pénale* », de la « *chaîne civile* » : mise en état des dossiers, enrôlement, participation aux audiences et rédaction des jugements, etc. Au niveau des tribunaux du travail, le greffier est aussi chargé des mêmes rôles et fonctions même si la procédure diffère.

---

[458] Au niveau aussi des tribunaux de commerce, le greffier remplit diverses fonctions telles que : assistance du tribunal de commerce, conservation des minutes et des archives, authentification et délivrance des copies, mission de publicité légale et de contrôle juridique, tenue du registre du commerce et des sociétés, conservation des sûretés mobilières, diffusion de l'information juridique et financière sur les entreprises.

[459] En droit, le plumitif est le registre sur lequel sont consignés les sommaires des affaires appelées lors d'une audience judiciaire. Il peut indiquer les affaires qui sont renvoyées, qui font l'objet d'un désistement, d'une radiation, d'un retrait du rôle.

[460] L'inscription de faux est une procédure visant à vérifier si un acte authentique présenté devant un tribunal est un faux. Si cela aboutit, la valeur de l'acte authentique est alors nulle mais, en revanche, si la procédure n'aboutit pas, celui qui l'a intentée risque le versement de dommages-intérêts.

Attributions administratives. – Technicien de la procédure dont il est responsable du respect, et garant de l'authenticité des actes juridiques, le greffier n'en assure pas moins une part du travail administratif. Il peut diriger, par exemple, le secrétariat du président du tribunal ou du procureur. Il peut également appeler à exercer des fonctions d'encadrement ou de coordination des activités exercées par les agents d'exécution qui travaillent avec lui.

Le greffier peut exercer, en outre, sa fonction hors d'un greffe : par exemple au ministère de la Justice ou au Centre de Formation judiciaire comme coordonnateur de la formation relative à la sous-section greffe.

II. Les administrateurs des greffes

Recrutement. – Ils sont recrutés par voie de concours professionnel parmi les greffiers en chef[461] et greffiers âgés de 53 ans au plus au premier janvier de l'année du concours et totalisant au moins cinq (05) années de services effectifs dans leur corps.

Attributions. – Les administrateurs des greffes sont membres de leur juridiction d'exercice. Ils y exercent, notamment, des fonctions d'administration, d'encadrement et de gestion du budget, des ressources humaines mises à la disposition de leur service de greffe.

Placés sous le contrôle du chef de juridiction, les administrateurs des greffes, lorsqu'ils sont chefs de greffe, sont responsables du bon fonctionnement des services qu'ils dirigent. Ils veillent à l'observation des lois et règlements, conservent les minutes[462] des arrêts, jugements,

---

[461] Une réforme statutaire approuvée par le Conseil supérieur de la fonction publique, a été votée par l'Assemblée nationale le 28 juillet 2018 qui fait élever la fonction de greffier en chef nouvellement désigné Administrateur des greffes à la hiérarchie A1 et celle de greffier à la hiérarchie A2.

[462] La minute est le nom donné à l'original d'un document émanant d'une juridiction ou d'un officier public.

ordonnances et actes de sa juridiction et en délivrent grosses[463] et expéditions[464].

PARAGRAPHE 2 : Les autres auxiliaires du juge

Délimitation. – L'on ne saurait revenir sur tous les autres auxiliaires du juge ; seuls les OPJ (**I**) et les experts judiciaires (**II**) retiendront notre attention.

I. Les OPJ

Vue d'ensemble sur les OPJ. – La police judiciaire est exercée sous la direction du Procureur de la République[465]. Dans le ressort de la Cour d'appel, elle est placée sous la surveillance du Procureur général[466].

Les officiers de police judiciaire sont les officiers de gendarmerie, les sous-officiers de gendarmerie exerçant les fonctions de commandant de brigade, les commissaires de police, les officiers de police, les élèves officiers et les sous-officiers de gendarmerie et les fonctionnaires du cadre de la police[467].

Ces officiers ont pour mission de recevoir les plaintes et les dénonciations, de rechercher et de constater les infractions ; d'en rassembler les preuves et d'en rechercher les auteurs.

---

[463] Une « grosse d'un jugement civil est la copie exécutoire de la décision, délivrée par le greffe aux parties à la procédure. C'est cette copie exécutoire qui est transmise le cas échéant à un huissier de justice afin qu'il accomplisse les actes d'exécution forcée requis.

[464] L'expédition est la copie officielle du jugement. Chaque partie ne peut en principe obtenir qu'une seule expédition du jugement. L'expédition n'est pas envoyée automatiquement. Le greffe envoie seulement une simple copie du jugement.

[465] CPP, art. 12.

[466] CPP, art. 13.

[467] CPP, art. 15.

II. Les Experts judiciaires

Fonction occasionnelle tenant à la technicité des litiges. – La fonction d'expert près des juridictions n'est pas une profession. C'est un titre donné aux professionnels, aux techniciens (médecin, architecte, expert-comptable, expert en diagnostic d'entreprise, etc.)[468], figurant sur une liste[469] établie par spécialité dans les juridictions et auxquels le juge peut, au cours d'un procès faire appel en ordonnant une expertise pour préciser un point technique déterminé (évaluer un bien, déterminer si un accusé est en état de démence, etc.).

Bref, ils procèdent pour le compte de la juridiction à des investigations techniques et font des rapports.

SECTION 2
LES AUXILIAIRES DU JUSTICIABLE

Précision. – Ce sont les Officiers ministériels (**Paragraphe 1)** ainsi que les Avocats (**Paragraphe 2)** qui eux exercent une profession libérale[470].

---

468 Il y a aussi les assesseurs des tribunaux de 1re instance qui font aussi parties du personnel judiciaire et qui complètent les juridictions lorsqu'elles statuent en matières coutumière.

469 Les experts sont inscrits sur une liste établie auprès de chaque cour d'appel.

470 La profession libérale est une profession qui présente les caractéristiques suivantes : – On y accède par un diplôme ; – Elle est exercée de manière indépendante (absence de subordination à une autorité extérieure) et libre (absence de soumission à un horaire de travail) ; – Elle est réglementée par un code de déontologie et soumise au contrôle d'instances professionnelles (chambres, ordres ou syndicats). ; – Elle est non salariée (les services rendus aux client/e/s sont facturés en honoraires) ; – Elle a un caractère intellectuel marqué.

PARAGRAPHE 1 : Les Officiers ministériels

Qu'est-ce qu'un Officier ministériel ? – Les officiers ministériels sont des officiers publics (exerçant une activité de service public et dressant des actes authentiques) titulaires d'une charge (appelée office) qui leur est conférée par décision ministérielle. Dès lors, il paraît opportun de passer en revue le Notaire (**I**) avant de mettre l'accent sur l'Huissier (**II**).

I. Le Notaire

Textes réglementaires. – La profession de notaire est organisée par le décret n° 2020-1524 du 17 juillet 2020 fixant le statut des notaires, précité. Ce texte a abrogé et remplacé le décret n° 2002-1032 du 15 octobre 2002 modifiant le décret n° 79-1029 du 5 novembre 1979 fixant le statut des notaires[471] et le décret n° 2009-328 du 8 avril 2009 abrogeant et modifiant certaines dispositions du décret n° 2002-1032 du 15 octobre 2002 fixant le statut des notaires[472].

Innovations majeures. – Le décret n° 2020-1524 comporte de nombreuses innovations dont l'obligation de formation initiale et continue des notaires, et institue le principe de la mise en retraite à l'âge de 75 ans[473], cependant sans avoir créé au préalable les conditions de la mise en place d'une caisse de retraite.

Nomination et charge. – Les notaires sont nommés par décret[474]/[475]. Toutefois, ils ne sont pas propriétaires de leur charge et n'ont pas le droit de présenter de candidat à leur

---

[471] *JORS*, n° 6070 du 26 octobre 2002.

[472] *JORS*, n° 6481 du 25 juillet 2009.

[473] Il peut bénéficier d'une prorogation qui ne peut excéder 3 ans.

[474] Les conditions pour être notaire, voir Décret n° 2020-1524, art. 2.

[475] Les conditions d'admission au stage de notaire, voir Décret n° 2020-1524, art. 29.

succession. Tout acte ou fait relatif ou ayant pour effet la dévolution de la charge est entaché d'une nullité absolue, sous réserve des dispositions de l'article 23 du décret n° 2020-1524.

Lorsqu'une charge de notaire est créée (par décret) ou la vacance d'un office notarial constatée (par arrêté du ministre de la Justice), les candidats remplissant les conditions prévues aux points 1 à 6 de l'article 2 décret n° 2020-1524, ont 3 mois, après la publication de l'arrêté ou du Décret au Journal officiel, pour faire parvenir leur dossier de candidature au ministère de la Justice[476].

Tâches. – À l'analyse des dispositions de l'article 1er du décret n° 2020-1524, le rôle du notaire consiste principalement dans la rédaction de conventions dans la forme authentique, dont il conserve la « minute » et délivre aux parties des « *expéditions* ».

Le notaire joue en outre un rôle très important dans l'application du droit successoral. Ils rédigent les testaments lorsque les justiciables souhaitent que leurs dernières volontés soient exprimées en la forme authentique, reçoivent les actes comportant des donations et procèdent à la liquidation et au partage des successions.

Les actes de vente portant sur des immeubles ou des droits immobiliers comme la constitution d'une hypothèque doivent obligatoirement être notariés dès lors que la loi prévoit une mesure de publicité en vue d'informer les tiers de l'existence et de l'étendue des droits immobiliers.

Incompatibilité. – Les fonctions de notaires sont incompatibles avec toutes autres fonctions publiques ou privées, sauf les fonctions d'enseignant, d'administrateur

---

[476] Décret n° 2020-1524, art. 43.

de succession, de conseil en gestion de patrimoine, de syndic de copropriété ou de consul honoraire[477].

II. L'Huissier

Textes réglementaires. – La profession d'huissier de justice est organisée par le décret n° 2020-1589 du 6 août 2020[478].

Nomination et charge. – Les charges d'huissier de justice sont créées par décret sur proposition du ministre chargé de la Justice après consultation du Conseil national de l'Ordre des Huissiers. Le même décret fixe sa résidence dans une commune[479]. Les huissiers titulaires de charge sont nommés par décret, sur proposition du ministre chargé de la Justice[480].

Missions. – Les huissiers ont le monopole des citations, des assignations, des significations, des constats par des procès-verbaux et de l'exécution forcée des actes publics et des décisions de justice notamment par des saisies. Leurs actes sont nommés exploits, authentiques et font foi jusqu'à inscription de faux.

Il est interdit aux Huissiers d'instrumenter dans certains cas[481] sous peine de sanctions civiles[482] et disciplinaires[483]. Ils ont l'obligation de tenir une comptabilité correcte. Les

---

[477] Décret n° 2020-1524, art. 27.
[478] *JORS* n° 7362, 26 septembre 2020.
[479] Décret n° 2020, art. 2.
[480] Décret n° 2020, art. 3.
[481] Par exemple pour eux-mêmes, leurs conjoints, parents, alliés, de se rendre cessionnaire d'actions et de droits litigieux de la compétence du tribunal auprès duquel ils exercent, d'accepter la gérance d'affaires industrielles ou commerciales et d'exercer une activité commerciale.
[482] Nullité, responsabilité civile.
[483] Rappel à l'ordre, censure simple, censure avec réprimande par le ministre de la Justice, suspension pendant la période d'une année et destitution par le Président de la République ou par la juridiction si la faute est commise ou constatée au cours d'une audience.

huissiers peuvent parfois se faire suppléer par des clercs assermentés[484]. Les huissiers de justice sont également chargés du service intérieur des tribunaux. Lorsqu'ils s'occupent de ces services ils portent le nom spécial d'huissier audience. Les huissiers sont les ménagers des parties et les exécuteurs des décisions judiciaires.

Incompatibilité. – Les fonctions d'huissier de justice sont incompatibles avec toute autre fonction publique ou privée[485].

PARAGRAPHE 2 : L'Avocat

Généralités sur la profession d'Avocat. – L'exercice de la profession d'Avocat est soumis à des conditions qui sont fixées par le Règlement n° 5 adopté le 25 septembre 2014 relatif à l'harmonisation des règles régissant la profession d'avocat dans les États membres de l'UEMOA[486].

Il résulte de l'article 2 de ce Règlement que seuls les avocats ont qualité pour plaider, représenter les parties en toutes matières devant les juridictions ou organismes juridictionnels ou disciplinaires, sauf dispositions particulières prévues par la législation nationale.

Les avocats sont ainsi des auxiliaires de justice essentiels dans le fonctionnement des juridictions. Ils sont recrutés par voie d'examen pour l'obtention du Certificat d'aptitude à la profession d'avocat (CAPA). En effet, toute personne, âgée de 21 ans au moins ayant une bonne moralité et titulaire

---

[484] Peut-être clerc, toute personne titulaire du baccalauréat, inscrite sur un registre tenu au ministère de la Justice après avoir subi un stage et prêté serment. Les clercs peuvent, sous la responsabilité de l'huissier, accomplir tous les actes sauf l'établissement des procès-verbaux de constat et l'exécution forcée qui sont de la compétence exclusive des huissiers.

[485] Décret n° 2020, art. 27.

[486] Avant le Règlement n°5, le texte de base était la loi n° 2009-25 du 8 juillet 2009 portant modification de la loi n° 84-09 du 4 janvier 1984 complétée par la loi n° 87-30 du 28 décembre 1987 relative à l'Ordre des Avocats, JORS, n° 6494 du 17 octobre 2009.

d'un Master II en droit reconnu par le CAMES ou de la Maîtrise en droit ou d'un diplôme reconnu équivalent et du CAPA reconnu dans l'espace UEMOA, peut demander son inscription sur la liste de stage d'un Barreau[487] dudit espace.

Toutefois, sont dispensés du CAPA, les magistrats ayant servi pendant 10 ans au moins et qui ont démissionné de leurs fonctions ainsi que les professeurs agrégés des facultés de droit. Les magistrats et les professeurs agrégés des facultés de droit devront cependant avant la prestation de serment, suivre des cours de déontologie et de pratique professionnelle d'avocat pour une période d'au moins 6 mois.

La profession d'avocat est libérale et indépendante. En conséquence, l'avocat ne doit être ni le conseil, ni le représentant, ni le défenseur de plus d'un client dans une même affaire pour éviter les conflits d'intérêts.

La profession d'avocat est par ailleurs incompatible avec l'exercice notamment de toutes les activités à caractère commercial qu'elles soient exercées directement ou par personne interposée. Elle est également incompatible avec les fonctions d'associé dans une société en noms collectifs ou d'associé commandité, de gérant d'une SARL et, plus généralement, avec l'exercice de toute profession ou fonction emportant un lien de subordination.

L'avocat déjà inscrit peut-être omis du tableau s'il se trouve dans un des cas d'exclusion ou d'incompatibilité prévus par la loi.

L'avocat est tenu par l'obligation générale de déférence, de considération ou de respect à l'égard des tribunaux et des magistrats ainsi que les obligations résultant du règlement intérieur sous peine de sanctions disciplinaires.

---

[487] Qu'est-ce que le Barreau ? Le Barreau est le nom donné à l'Ordre des avocats. Il fait partie intégrante du système judiciaire. Il est institué auprès du Conseil constitutionnel, de la Cour suprême et des Cours d'appel.

L'avocat jouit d'une immunité qui le protège contre les poursuites à raison des propos qu'il a pu tenir au cours de ses plaidoiries. Son cabinet est inviolable, une perquisition ne peut y être opérée qu'en présence du bâtonnier ou de son représentant. Enfin, une poursuite pénale ne peut être engagée contre un avocat que si le bâtonnier est préalablement saisi[488].

À l'échelle du pays, les avocats forment un barreau et sont soumis à un règlement intérieur dont le conseil de l'ordre assure le respect sous peine de sanctions comme la réprimande, la suspension et la radiation[489].

[488] En matière pénale, la Cour d'appel de Dakar est seule compétente pour juger les avocats. Elle siège alors en formation spéciale présidée par le Premier président et composée de deux autres magistrats choisis parmi les présidents de chambre. De plus, aucun avocat ne peut être arrêté ni détenu sans ordre du Procureur général près la Cour d'appel ou du Président de la Chambre d'accusation ; le Bâtonnier de l'Ordre des avocats devant être préalablement consulté.

[489] Voir, Loi n° 2009-25 du 8 juillet 2009 portant modification de la loi n° 84-09 du 4 janvier 1984 complétée par la loi n° 87-30 du 28 décembre 1987 relative à l'ordre des avocats.

RÉFÉRENCES DE LECTURE

1. OUVRAGES

❖ **Afrimap Sénégal,** *Le secteur de la justice et l'État de droit*, OSIWA, 2008, 175 pp.

❖ **AJA,** *La modernisation de la justice au Sénégal. Une perception manifeste*, Ed. LJA, 2017, 277 pp.

❖ **CADIET Loïc et CLAY Thomas**, *Les modes alternatifs de règlements des conflits*, Paris, 2e éd., Dalloz, 2017, 166 pp.

❖ **CAMARA Ousmane**, *Mémoires d'un juge africain. Itinéraire d'un homme libre*, Paris-Dakar, Karthala et CREPOS, 2010, 306 pp.

❖ **FRICERO Natalie et GOUJON-BETHAN Thibault**, *Les institutions judiciaires*, Gualino Eds, Mementos, 2023, 276 pp.

❖ **GUINCHARD Serge, MONTAGNER Gabriel, VARINARD André et DEBARD Thierry**, *Institutions juridictionnelles*, Dalloz, 13e éd., 2015, 1180 pp.

❖ **KABA Sidiki,** *Les droits de l'homme au Sénégal*, Dakar, Coll. Xaam sa yoon, 1997, 547 pp.

❖ **KEMFOUET KENGNY Emile Derlin,** *Les juridictions des organisations d'intégration économique en Afrique*, LGDJ, 2018, 420 pp.

❖ **LAM Cheikh Tidiane**, *La modernisation de la Justice au Sénégal : vers la recherche de la performance*, L'Harmattan-Sénégal, 2019, 466 pp.

❖ **MBAYE Kéba**, *Propos d'un juge,* Dakar, NEAS, 2006, 253 pp.

❖ **MBAYE Saliou**, *Histoire des institutions coloniales françaises en Afrique de l'Ouest (1816-1960),* Dakar, Imprimerie Saint-Paul, 1991, 339 pp.

❖ **NDIAYE Papa Makha**, *La renaissance de la Cour suprême, Dakar*, éd. de la Cour suprême, 2008, 78 pp.

❖ **NGOM Babacar**, *Comment renforcer l'indépendance de la magistrature au Sénégal* ?, L'Harmattan-Dakar, 2014, 121 pp.

❖ **PERROT Roger**, *Institution judiciaire*, Montchrestien, 19e éd., 2022, 600 pp.

❖ **RUDY Laher**, *Imperium et juridiction en droit judiciaire privé*, Mare & Martin, 2016, 1046 pp.

❖ **SALL Alioune**, *La justice de l'intégration, réflexions sur les institutions judiciaires de la CEDEAO et de l'UEMOA*, 2e éd. CREDILA – L'Harmattan-Sénégal, 2018, 482 pp.

❖ **SCARANO Jean Pierre,** *Institutions juridictionnelles,* Ellipses, 9e éd., 2007, 239 pp.

❖ **SECK OGO Papa**, *La modernisation de la justice au Sénégal*, Editions librairie juridique africaine ELJA, octobre 2017, 277 pp.

❖ **TAMBEDOU Malick**, *De l'indépendance du pouvoir judiciaire au Sénégal*, Dakar, Editions RADDHO, 2007, 68 pp.

❖ **TELIKO Souleymane**, *Indépendance de la justice. Faut-il réformer le Conseil Supérieur de la Magistrature ?*, CREDILA, PUS, 2021, 197 pp.

❖ **TOURE Pape Assane,** *La réforme de la composition et de la compétence des juridictions du Sénégal, commentée et annotée*, Abis éditions, 2017, 465 pp.

❖ **TOURE Pape Assane,** *La réforme de l'organisation judiciaire au Sénégal, commentée et annotée*, CREDILA, L'Harmattan-Sénégal, 2016, 432 pp.

❖ **Union des Magistrats du Sénégal (Dir)**, *L'indépendance de la justice au Sénégal, Actes de colloque national*, 2018, 483 pp.

2. ARTICLES

➢ **CAMARA Fatou Kiné et CISSE Abdallah**, « Arbitre et médiation dans les cultures juridiques négro-africaines : entre la prédisposition à dénouer et la mission de trancher », *Revue de l'Arbitrage*, 2009, n° 2, p. 285.

➢ **DIALLO Ibrahima,** « L'exception d'illégalité dans le système judiciaire sénégalais », *Annales Africaine*, n° 1, 2010, p. 167.

➢ **DIEYE Abdoulaye**, « L'excès de pouvoir et le juge au Sénégal et en France », in Revue africaine de Science politique et sociale, n° 40, janvier 2023, p. 370.

➢ **FAYE Aminata,** « Le procès juste et équitable au Sénégal », *EDJA*, n° 58, juillet, août, septembre, 2010, p. 55.

➢ **LEVASSEUR Georges**, « La publicité dans le procès », *RSC*, 1976, chr. 519.

➢ **LEROY Jacques,** « La force du principe de la motivation », in *la Motivation*, Paris, LGDJ, 2000, p. 35.

- **MBAYE Kéba**, « Histoire de l'organisation des juridictions », in *Encyclopédie juridique de l'Afrique*, N.E.A. Dakar, Tome IV, 1982, p. 19-438.
- **NGAIDE Moustapha,** « Le principe de l'inamovibilité des magistrats devant le Conseil d'État du Sénégal », *Nouvelles annales africaines, FSJP-UCAD*, n° 1-2009, p. 511.
- **MOURY Jacques**, « De quelques aspects de l'évolution de la juridiction (en droit judiciaire privé) », in *Nouveaux juges, nouveaux pouvoirs ?*, Mélanges en l'honneur de Roger Perrot, Paris, Dalloz, 1995, p. 299.
- **NDIAYE Isaac Yankhoba**, « Le Conseil constitutionnel sénégalais », in *Les Nouveaux Cahiers du Conseil constitutionnel*, 2014/4, n° 45, p. 306.
- **SÄGESSER Caroline**, « Législatif, exécutif et judiciaire. Les relations entre les trois pouvoirs », in Dossiers du CRISP, 2016/2, n° 87, p. 9.
- **SENE Biram,** « Le traitement de l'exception d'illégalité en droit sénégalais »*, Rev. sem. UMS,* janvier - juin, 2017, p. 53.
- **TOURE Pape Assane,** « La réforme de l'organisation judiciaire au Sénégal : évolution ou révolution ? »*,* in *La balance,* Rev. sem. UMS, janvier-juin, 2017, p. 8.
- **TOURE Pape Assane**, « L'article 5 du Règlement 05/CM UEMOA du 25 septembre 2014 relatif à l'assistance de l'avocat dès l'interpellation devant la chambre d'accusation de la Cour d'appel de Dakar : à propos de l'arrêt n° 249 du 22 septembre 2015, « affaire Thione Seck », *Annales Africaines, nouvelle série, vol 02, n° 03, décembre 2015*, p. 332.

3. THÈSES

✓ **BADJI Patrice Samuel Aristide,** *Les garanties du justiciable dans le procès civil sénégalais : étude comparative avec le droit français*, Thèse, Université de Toulouse, 2011, 502 pp.

✓ **BERTHIER Laurent**. *La qualité de la justice,* Thèse, Université de Limoges, 2011, 287 pp.

✓ **JOEL Michel**, *La réforme de la justice en Afrique noire,* Thèse, Université de Dakar, 1962, 246 pp.

✓ **KANTE Babacar**, *Unité de juridiction et droit administratif : l'exemple du Sénégal*, Thèse, Université de Dakar, Juillet 1983, 426 pp.

4. MÉMOIRES

♦ **NDIAYE Seck**, *Les tribunaux musulmans du Sénégal de 1857 à 1914*, Mémoire de Maîtrise, Département d'Arabe, FLSH-UCAD, 1983-1984, 124 pp.

♦ **TRAORE Bakary**, *La Cour de Répression de l'Enrichissement illicite : Une juridiction controversée*, Mémoire de Master, FSJP-UCAD, 2014-2015, 107 pp.

LES TRAVAUX DE L'AUTEUR

Thèse

➢ *La responsabilité pénale des dirigeants de sociétés commerciales dans l'espace OHADA*, Thèse, UCAD, 2016, 377 pp.

Articles

➢ « L'indemnité d'éviction du locataire-exploitant d'un fonds de commerce en droit OHADA », *Revue Annales Africaines*, Vol. 2, n° 17, déc. 2022, pp. 463 et s.

➢ « Regards sur les droits de la défense du présumé terroriste dans la phase non-juridictionnelle du procès pénal (Étude à partir du système juridique sénégalais) », in *Les actes du colloque sur le terrorisme et la criminalité organisée : adaptation et évolution du droit pénal de l'Association Nigérienne de Droit Pénal*, Revue B.S.J.A, n°44, 2022, pp. 53 et s.

➢ « La propriété économique en droit privé sénégalais », *Revue Internationale de Droit Comparé*, n° 2, avril-juin 2020, pp. 451 et s.

➢ « La politique pénale au Sénégal à l'aune de la lutte contre la cybercriminalité », *in Revue GRASCO*, n° 30, juillet 2020, pp. 451 et s.

➢ « L'attribution préférentielle d'un fonds de commerce en droit successoral sénégalais » *in Revue Annales Africaines*, FSJP-UCAD, CREDILA, Vol. 2, n° 9, déc. 2018, pp. 293 et s.

➢ « Réflexions sur la nouvelle législation sénégalaise antiterroriste », *Droits fondamentaux,* n° 16, *Revue électronique du CRDH de l'Université Paris II Panthéon-Assas* (France), 2018, pp. 1 et s.

➢ « Leurre et lueur sur l'incompétence de la CCJA dans le contentieux répressif OHADA, Observations sous CCJA, 2e Ch., arrêt n° 03/2018 du 11 janvier 2018 », in *Recueil LGA*, 2018, n° 1.

➢ « Regards croisés entre la Charte de Kourou Kan Fouga et la Déclaration Universelle des Droits de l'Homme », in *Les sciences sociales au Sénégal : Mise à l'épreuve et nouvelles perspectives*, sous la direction des Professeurs Souleymane Bachir DIAGNE et de Mamadou DIOUF, Vol. 1, 2016, p. 39 et s.

TABLE DES MATIÈRES

Structures éditoriales du groupe L'Harmattan

L'Harmattan Italie
Via degli Artisti, 15
10124 Torino
harmattan.italia@gmail.com

L'Harmattan Hongrie
Kossuth l. u. 14-16.
1053 Budapest
harmattan@harmattan.hu

L'Harmattan Sénégal
10 VDN en face Mermoz
BP 45034 Dakar-Fann
senharmattan@gmail.com

L'Harmattan Cameroun
TSINGA/FECAFOOT
BP 11486 Yaoundé
inkoukam@gmail.com

L'Harmattan Burkina Faso
Achille Somé – tengnule@hotmail.fr

L'Harmattan Guinée
Almamya, rue KA 028 OKB Agency
BP 3470 Conakry
harmattanguinee@yahoo.fr

L'Harmattan RDC
185, avenue Nyangwe
Commune de Lingwala – Kinshasa
matangilamusadila@yahoo.fr

L'Harmattan Congo
219, avenue Nelson Mandela
BP 2874 Brazzaville
harmattan.congo@yahoo.fr

L'Harmattan Mali
ACI 2000 - Immeuble Mgr Jean Marie Cisse
Bureau 10
BP 145 Bamako-Mali
mali@harmattan.fr

L'Harmattan Togo
Djidjole – Lomé
Maison Amela
face EPP BATOME
ddamela@aol.com

L'Harmattan Côte d'Ivoire
Résidence Karl – Cité des Arts
Abidjan-Cocody
03 BP 1588 Abidjan
espace_harmattan.ci@hotmail.fr

Nos librairies en France

Librairie internationale
16, rue des Écoles
75005 Paris
librairie.internationale@harmattan.fr
01 40 46 79 11
www.librairieharmattan.com

Librairie des savoirs
21, rue des Écoles
75005 Paris
librairie.sh@harmattan.fr
01 46 34 13 71
www.librairieharmattansh.com

Librairie Le Lucernaire
53, rue Notre-Dame-des-Champs
75006 Paris
librairie@lucernaire.fr
01 42 22 67 13

www.ingramcontent.com/pod-product-compliance
Lightning Source LLC
LaVergne TN
LVHW010937061026
849535LV00007B/2449
9782336484631